GOTT, DIE WELT UND DU

GOTT, DIE WELT UND DU

Reise in die Urheimat
der Menschen
oder
Das einfache Verständnis
der Schöpfung

von
Werner Widmer

Verlag „Die Silberschnur“ GmbH

ISBN 3-923781-25-3

1. Auflage 1988

Druck: Druckerei Böhmer, Neuwied
Printed in Germany

Verlag „*Die Silberschnur*“ GmbH
D-5451 MELSBACH/NEUWIED, Gartenstraße 15

Inhaltsverzeichnis

Vorwort

Angst ist ein Zustand, den die ganze Menschheit kennt. Sie ist vielleicht die größte Ursache für Schäden der körperlichen, emotionalen und geistigen Gesundheit. Wer daran zweifelt, soll versuchen, die Schwächen, Irrtümer, Gewohnheiten, Überzeugungen und Wünsche zu analysieren, denen der durchschnittliche Mensch unterworfen ist. Sie werden erstaunt sein, zu sehen, welche Rolle die Angst auf allen Ebenen spielt, in wie vielen Formen sie auftritt und wie groß ihr Einfluß auf Fehlverhalten und Fehlentscheidungen ist.

Angst vor Versagen, vor Mißerfolg und vor physischen Krankheiten beschäftigt uns Tag für Tag, fast bei allem, was wir tun. Die Massenmedien, Politiker und Lehren in allen Varianten bestärken uns laufend darin, daß Angst völlig berechtigt ist, bei allem, was wir tun.

Angst hat eine enorme destruktive Macht. Sie ist so mächtig, daß sie gedachte Befürchtungen oder kommende Ereignisse derart mit Kraft aufladen kann, daß sie die Tendenz haben, sich zu verwirklichen. Man ist schlußendlich wehrlos dagegen.

Ich möchte nicht so vermessen sein zu behaupten, jede Katastrophe oder Epidemie sei ein typisches Beispiel dafür. Andererseits gibt es einen deutlichen Hinweis darauf, wie wenig wir oftmals Gewalten beherrschen, die wir selbst heraufbeschwören, und das ist tatsächlich ein Grund zur Angst.

Dieses Thema wäre wohl alleine schon Gegenstand eines umfangreichen Buches, doch möchte ich hier nicht näher darauf eingehen, sondern versuchen, Ihnen, lieber Leser, eine Ur-Angst des Menschen zu nehmen, die, ist sie einmal beseitigt, auch alle andern Ängste beseitigen kann. Ich spreche von der Angst und Unsicherheit vor dem, was uns nach unserem Tode erwartet.

Wenn wir diese Grundangst besiegen, spielt es eigentlich keine Rolle mehr, ob wir etwas früher oder später sterben, und damit wäre eigentlich auch schon die Angst vor einem neuen Tschernobyl, vor Krebs, Aids oder was Erschreckendes es auch immer sei, überwunden.

Gleichzeitig können wir aber dann auch erkennen, wie unwichtig unser irdisches, völlig materiell ausgerichtetes Leben eigentlich ist und daß der Sinn unseres Lebens ganz woanders zu suchen ist, als im Erwerb von Wohlstand, Bequemlichkeit und technischem Fortschritt.

Da die meisten Menschheitsführer von den gleichen Ängsten und Nöten geplagt werden wie der einfache Arbeiter, können wir von dieser Seite weder Hilfe noch eine Besserung erwarten, und es ist deshalb einleuchtend, daß jeder seinen Weg selbst suchen und finden muß, der ihn zu seinem letztendlichen Lebensziel führt.

Viele geistig fortschrittliche Beobachter des Zeitgeschehens sind sich darüber einig, daß sich die Menschheit in der tiefsten Krise ihrer uns bekannten Geschichte befindet. Angesichts der täglich immer drängender werdenden Probleme fragen sich viele Menschen voller berechtigter Angst, wohin die immer mehr sich zuspitzende und sich zunehmend beschleunigende Entwicklung des allgemeinen Weltgeschehens wohl noch führen wird. Gerade die zahlreichen Gefährdungen des Überlebens der Menschheit beunruhigen ungezählte Menschen zutiefst. Erschwerend tritt noch, vorwiegend in den westlichen Ländern, der allgemeine psychische Wertzerfall und das verbreitete Gefühl der Sinnlosigkeit des Lebens zu den zahlreichen Krisensymptomen hinzu.

Daß wir noch weit von einer Lösung entfernt sind, beweisen die steigenden Selbstmordraten, die zunehmende Drogensucht, Gewalttaten, sinnlose Zerstörungen von Leben und Natur usw. Und das trotz einer seit Jahren zunehmenden Flut von esoterischer Literatur, Seminar- und Workshopangeboten, intensivsten Bemühungen der Kirchen und den politischen grünen Wellen.

Auch ich wurde und werde nicht davon verschont, mich täglich gegen negativste Einflüsse aller Art zur Wehr setzen zu müssen, aber ich durfte bei meinen Bemühungen um neue Erkenntnisse die Witwe eines 1979 verstorbenen Wissenschaftlers kennenlernen, die mir freundlicherweise alle Unterlagen ihres Gatten zur weiteren Bearbeitung überließ. Was ich da für einen Schatz erhalten hatte, konnte ich erst nach eingehendem Studium erkennen, und ich betrachte es als meine Pflicht, das Wissen und die Erkenntnisse dieses Mannes an Sie weiterzugeben. Sie werden zwar vieles wiedererkennen, aber glauben Sie mir, die Wahrheit ist einfach: Es ist nur der Mensch, der sie kompliziert und verdreht hat.

Walter Krüger wurde am 13. 1. 1895 in Forst, Lausitz (heute DDR) geboren und verstarb nach einem erkenntnisreichen Leben im Juli 1979. Walter Krüger war von Beruf Lehrer und wurde, wie viele mit ihm, als Soldat zum ersten Weltkrieg 1914–1918 eingezogen. Gegen Ende des Krieges wurde ihm die Sinnlosigkeit des gegenseitigen Mordens zum erstenmal richtig bewußt, und er begann daran zu zweifeln, daß das alles, was er bisher in seinem Leben erlebte, der wahre Sinn des Lebens sein konnte.

Aber lassen wir ihn selbst zu Worte kommen: „Als ich mit zwanzig Jahren Soldat wurde und in den ersten Weltkrieg zog, geschah das in dem damals allen jungen Menschen anerzogenen Stil hoher vaterländischer Begeisterung und unter dem Vorwand, die Heimat vor bösen Feinden schützen zu müssen.

Auf den Schlachtfeldern von Verdun und an der Somme änderte sich diese Einstellung bald und entwickelte bitter ernste Überlegungen. Sie gipfelten in der Frage, warum sich die Menschen mit tödlichem Haß aufeinander stürzten und mordeten, warum sie ihre Heimstätten vernichteten und die Natur in dieser gräßlichen Weise verwüsteten. Sie gipfelten aber auch in der Frage, warum sie es nicht vorzogen, friedlich nebeneinander zu leben, sich gegenseitig zu helfen, zu fördern, ihr Dasein angenehm zu gestalten und sich nach Kräften Freude zu bereiten.

Schon damals (1918) gelangte ich zu dem Ergebnis, daß dieser Haß nur auf Denkvorgängen beruhen konnte, die aus einer selbstsüchtigen Gesinnungsgrundlage hervorgingen – gleichgültig, ob es sich dabei um Einzelpersonen, um kleinere oder größere Gemeinschaften oder in besonders krassen Fällen um ganze Völker handelte.

Denkvorgänge mußten deshalb stark wirkende, mitunter sogar vergiftende Krafterzeuger sein. Sie wirkten nach und waren imstande, die ganze Menschheit in Raserei zu versetzen! – Zu weitern Überlegungen reichte es allerdings unter den damaligen Umständen nicht.

Als ich dann seelisch schwer angeschlagen nach Kriegsende heimkehrte, beschäftigten mich die begonnenen Überlegungen unentwegt weiter. Mit unermüdlichem Eifer begann ich zu lesen und zwar Schriften philosophischen, religiösen, theosophischen, antroposophischen und okkulten Inhalts. Dabei hatte ich die Hoffnung, endlich erlösende Aussagen über geistige Kraftwirkungen zu finden, in denen ich die Ursachen für Glück und für Unheil der Menschheit vermutete. Leider stieß ich dabei auf so viele widersprüchliche Angaben, daß ich enttäuscht den Entschluß faßte, eine eigene Forschungsgemeinschaft zu gründen und mit ihr zusammen ernsthafte Untersuchungen durchzuführen." Teile dieser Forschungsergebnisse, die zum Teil aus den Jahren 1928 bis in die nahe Vergangenheit stammen, sind Gegenstand meines Buches. Mir persönlich haben die Erkenntnisse und sachlichen Begründungen von Walter Krüger mehr gebracht, als all die vielen Bücher, die ich gelesen und studiert habe, um den Sinn eines Lebens zu ergründen.

Ob es die allerletzte Wahrheit ist oder nicht, ist dabei unwesentlich. Für mich zählt nur, daß ich es mit meinem realen Verstand erfassen und nachvollziehen kann. Das ist mir gelungen, und es gibt heute nichts Unklares mehr in meinem Leben. Ich habe jede Angst verloren und kann meinen weiteren Lebensweg ruhig und gelassen gehen, was bereits der erste Schritt zum Erfolg in jeder Beziehung darstellt.

Weder Tschernobyl noch irgendeine Krankheit kann mich erschüttern, denn ich habe erkannt, was wichtig ist im Leben und daß der Tod schlußendlich nur eine Rückkehr in meine alte eigentliche Heimat ist. Ich habe heute auch eine ganz andere Beziehung zu Gott, als diese unsere Kirchenlehren in guter oder machtpolitischer Absicht zu vermitteln versuchen.

Einiges mag Ihnen ein wenig altertümlich vorkommen, vor allem vielleicht der Versuch, das Jenseits physikalisch zu begründen. Denken Sie jedoch bitte daran, daß dieser Versuch vor 50 Jahren begonnen hat, als auch die Atomphysik noch in den tiefsten Anfängen steckte.

Ich habe mich bemüht, möglichst wenig zu korrigieren oder durch heute moderne physikalische oder parapsychologische Begriffe zu ersetzen.

Die Wahrheit ist Jahrtausende alt und bedarf keiner Fremdwörter, um verstanden zu werden. Vielmehr soll auch der einfache Mensch seine Erkenntnisse daraus gewinnen können.

Die Bibel als sehr umfangreiches und oft schwer verständliches Werk mag ein Beispiel dafür sein. Dabei kann man das Christentum wahrlich auf einem einzigen Blatt umschreiben.

Wir stopfen uns, auf der ständigen Suche nach Lösungen menschlicher Probleme, mit vielfältigem Wissen voll und übersehen dabei nur zu oft das Wesentliche. Wir springen von einer Philosophie zur andern und kommen doch keinen Schritt weiter, nur weil wir nicht akzeptieren können, daß im Grunde alles sehr viel einfacher ist, als wir glauben mögen.

Denken Sie nur an die Medizin; sie ignoriert die einfachsten, bewährtesten und äußerst wirksamen natürlichen Heilverfahren und Heilmittel, obwohl diese von Naturvölkern bereits vor Jahrtausenden mit Erfolg angewandt wurden.

Weshalb nur?

Massenhaft will man uns heute weismachen, mit welchen Mitteln man zu innerer Harmonie und zur göttlichen Urquelle finden könne. Fangen wir nur mal bei den kirchlichen Dogmen an, vorab bei unsern eigenen, westlich-christlichen. Es ist erstaunlich, was uns da alles nahegebracht wurde und wird, obwohl es unsere Kirchenführer seit langer Zeit besser wissen. Das fängt bereits bei der Bibel an, die nicht die Lehre Jesu oder Gottes darstellt, sondern bestenfalls die Lehre über Jesus. Jesus wurde weder an Weihnachten geboren (sondern im Mai) und ist auch nicht am Kreuz gestorben. Er wurde ca. 114 Jahre alt und ist in Indien verstorben. Jesus hat auch nie behauptet, er sei Gottes Sohn, sondern immer wieder darauf hingewiesen, daß er ein Menschensohn sei, wie jeder andere. Sein Vater ist nämlich bekannt – es war Eliel, Großmeister der Melchisedeks.[1])

Was für Greueltaten während der letzten 2000 Jahren durch Religionsgemeinschaften, darunter auch führende Weltkirchen, im Namen Jesu Christi vollbracht wurden, ist historisch belegbar. Bereits

---

[1]) Genaueres können Sie dem Buch von Helmut Goeckel, „Die Messias-Legitimation Jesu“ entnehmen. Liber-Verlag

Moses ließ nach dem Tanz um das berühmte goldene Kalb jeden zweiten Tänzer zur Abschreckung liquidieren.

Zählen Sie nur mal die heute noch brodelnden Religionskriege auf der ganzen Welt zusammen, und Sie werden selbst darauf kommen, daß etwas mit den Religionen nicht stimmen kann.

Nicht zuletzt verdeutlichen uns das auch täglich die politischen Geschehnisse auf der ganzen Welt. Dabei ist keine Partei oder politische Organisation (ich zähle auch die Kirchen dazu) besser als die andere. Jeder kritisiert den andern, aber keiner hat einen bessern Vorschlag. Alles dient nur dem eigenen Machtgewinn und der Verfolgung egoistischer Ziele. Nicht die Verwirklichung und Verfolgung menschlicher Ideale steht im Vordergrund, sondern lediglich neue Formen von Unterdrückung und Beherrschung. Materialistisches Denken nimmt erschreckende Formen an und macht auch vor geistigen Dingen in jedem Bereich nicht halt. Da werden Hypothesen und Philosophien zur Heilsfindung zu horrenden Preisen angepriesen. Es wird Selbstfindung und Selbstverwirklichung angeboten und geistiger Reichtum. Die einzigen aber, die davon im wahrsten Sinne des Wortes reich werden, dürften die Veranstalter sein.

Glücklicherweise gibt es aber auch andere, und ich bin der festen Überzeugung, daß diese in der Überzahl sind. Leider werden sie aber nur selten gehört, denn was nicht anhand harter Fakten belegt und bewiesen werden kann, lehnt der Mensch gerne von vornherein ab, besonders dann, wenn es sich auch noch gegen seine Bequemlichkeit oder seinen materiellen Besitz richtet, der uns heilig ist.

Es ist eben leichter, über glühende Kohlen zu gehen und dadurch sich selbst wie auch anderen Selbstsicherheit und Selbstbeherrschung zu beweisen, als in sich einzukehren und Einsicht zu üben.

Es ist an der Zeit, daß wir uns und die Absichten der Schöpfung real zu erkennen und zu verstehen versuchen. Dann werden wir gleichzeitig erkennen, daß Abrüstungsgespräche genauso sinnlos sind wie der Kampf gegen Krebs, Aids oder andere epidemische Krankheiten, solange wir nicht die grundsätzlichen Ursachen beseitigen, die ständig zu neuen Vernichtungsmechanismen der Menschheit führen.

Es gab nie und wird auch nie Geiseln Gottes geben, denn wir geiseln uns selbst. Ebensowenig sind die vielzitierten karmischen Belastungen Strafen der Schöpfung, sondern ausschließlich durch uns selbst verursachte Zustände, die wir jederzeit korrigieren können. Alles, was wir dabei tun müssen, ist, die echte Lehre Jesu zu befolgen, nämlich die Liebes-, Achtungs- und Ehrenlehre.

So einfach ist das, und dazu brauchen wir wahrlich weder einen aufgebauschten kirchlichen Apparat, noch ein umfassendes Buchwerk, welches uns nicht nur Hoffnung, sondern auch Ängste einflößen kann. Wer die Geschichte der Entstehung unserer heutigen heiligen Schrift verfolgt, weiß, daß diese von Saul (später Paulus) begründet wurde. Er weiß auch, daß gerade dieser Saul von den Urchristen, den Essenern (denen auch Jesus angehörte) und den Aposteln gemieden wurde, denn: „Er trug den Messias im Gehirn, nicht im Herzen!"

Jesus wurde Objekt einer neuen Weltanschauung mit Dogmengrundlage. Der vom Himmel herabgestiegene Gottessohn sei für unsere Sünden gekreuzigt worden; Jesu Blutopfer habe die Menschen entsündigt. (Auf daß sie erneut sündigen können). Beim Abendmahl habe das Opferlamm nicht auf dem Tisch, sondern vor dem Tisch gestanden.

Wer sollte wohl durch das Opfer genädig gemacht werden?

Offenbar Gott selbst, der sich selbst seinen eigenen Sohn opfert, um dann seine eigene göttliche Entscheidung bei sich selbst infolge seines selbst bestellten und selbst ausgeführten Opfers genädig zu gestalten. Welch eine absurde schizophrene Gedankenakrobatik!

Jesus hat jedes Blutopfer (auch Tiere) scharf abgelehnt. Blutopfer waren schon in der zoroastrischen Urreligion als „Bestechungsversuch an Gott durch den sündigen Menschen" streng verboten.

Gerade aber diese Blutopferreinigungsmagie übertrug Saul auf das „Opferlamm Jesus", der in Wirklichkeit überlebte.

Ich möchte hier nicht weiter auf die wissenschaftliche Religionsgeschichte eingehen, sondern Sie nochmals auf das höchst aufschlußreiche Buch von Helmut Goeckel verweisen.

Es geht mir hier auch nicht darum, irgendwen oder irgendwas zu verdammen, sondern Sie, lieber Leser, zum Nachdenken anzuregen und zu versuchen, Sie die Darlegungen in diesem Buch geistig nachvollziehen zu lassen, um schlußendlich zu Ihren eigenen Erkenntnissen zu gelangen.

Unser Schöpfer hat sich ein ganz bestimmtes Ziel gesetzt, zu dessen Verwirklichung er die Hilfe der Menschen in Anspruch nehmen will.

Dazu müssen wir jedoch innerlich wieder ihm gleich werden, und die Verwirklichung dieses Zieles wiederum ist die einzige und alleinige Aufgabe der gesamten Menschheit. Um diese schwere Aufgabe jedoch in Angriff nehmen zu können, ist es erforderlich, daß wir uns über die Schöpfungsabsichten, unseren Werdegang und unsere große Aufgabe klar werden, um schließlich den einzig gangbaren Weg zur Realisierung zu erkennen.

Es geht um die Steigerung unserer inneren Wertzahl, die gegenseitige Liebe, Achtung, Anerkennung und Respektierung, und es geht vor allem um die Abwendung von unserem rein materialistischen Denken und die Loslösung von unserer Urangst, dem Tod. Was kann uns denn noch erschrecken, wenn wir den Tod als eine freudige, neue Geburt anerkennen und wissen, daß nach unserem Ableben alles physische und materielle Leiden ein Ende hat? Die Art des Sterbens wird dabei zur Nebensächlichkeit, genauso wie die effektive Dauer unseres irdischen Lebens. Wichtig ist alleine, daß wir uns dessen bewußt werden und zu jedem Zeitpunkt das Beste daraus zu machen versuchen. Allerdings sollten wir dieses unumschränkte Recht auch allen andern Menschen zugestehen.

Das vorliegende Buch möchte Ihnen einen Weg zur möglichen Erkenntnis vermitteln, ohne den Anspruch auf Vollständigkeit oder den Schluß letzter Weisheit zu erheben. Lesen Sie es kritisch, und denken Sie selbst darüber nach.

Einführung

Langsam und unter großer Anstrengung versucht sich menschliches Wissen von der sichtbaren äußeren Schale bis zum unsichtbaren inneren Kern und damit auch zum Ursprung alles Seienden vorzuarbeiten, und dazu ist uns fast jedes Mittel recht, von der Verbreitung neuer dubioser Lehren bis zum Feuerlaufen als neustem Hit.

Häufig entsteht zwar der trügerische Eindruck, als gäbe es in unserer Welt nicht mehr viele neue Geheimnisse zu entdecken. Im Bereich gründlich erforschter irdisch-atomarer Erscheinungen und Kraftwirkungen mag das zutreffen. Je mehr sie aber in ihre Grundbestandteile zerlegt werden, desto deutlicher zeigt sich, daß gerade dort die komplizierten Fundamente liegen und daß ihre Entstehung und Konstitution nur von ihrem Uranfang her zu lösen sind. Daß aber nicht der Zufall Vater aller Dinge sein kann, deuten seit Jahrtausenden auftretende PSI-Phänomene (1) an, die sich in unsern Tagen in geradezu auffallender Weise wieder zu häufen beginnen. Es handelt sich dabei um erstaunliche Kraftwirkungen, die oft ans Wunderbare grenzen, aber nicht mit den bisher bekannten Naturgesetzen erklärt werden können. Z. B. werden auf dem Wege über geistige Konzentration Metalle verändert (Psychokinese); Gegenstände kommen zum Schweben (Telekinese); Gedanken und Vorstellungen werden auf andere übertragen (Telepathie); Suggestionen oder hypnotische Befehle rufen körperliche Veränderungen hervor; Krankheiten lassen sich durch Fernwirkungen erkennen und heilen (Form der Psychokinese) usw. Kurzum – alles was unter dem Sammelbegriff von unerklärbaren Geschehnissen angesehen wird (PSI-Phänomene und Wirkungen), scheint immer deutlicher erkennbar auf geistige Urheber und auf geistige Kraftwirkungen zurückzugehen.

Damit tritt aber ein völlig neuer Kraftfaktor in Erscheinung, der bisher meist nur als körperlich abhängige Funktion, nicht aber als besonderer selbständiger Krafterzeuger und Kraftspeicher betrachtet wurde. Die sich häufenden Vorgänge beweisen jedoch, daß da weit mehr sein muß. Sämtliche Kraftquellen sind ständig stofflich gebunden, weil sich sonst ihre Energien sofort wieder auflösen und im Raum verflüchtigen würden. Ihre gespeicherten Wirkungen, Nachwirkungen und Betätigungen sind also immer stofflicher Art und setzen sich in ihrer Originalform fort. Aus diesem Grunde müssen auch alle geistigen Erzeugnisse reale stoffliche Ausprägungen, also Einzelerscheinungen sein und damit zu realen Bestandteilen einer Welt auf geistiger Entstehungsgrundlage werden!

Diese unsichtbare Welt und ihre Daseinsebenen, in denen Gedanken, Suggestionen, Befehle, usw., also allein geistige Impulse und psychische Energien schöpferische Arbeit leisten, machen unter anderem seit Urzeiten vor allem religiöse und esoterische Überlieferungen und in unserer Zeit eigentlich alle PSI-Phänomene deutlich.

Aber diese Andeutungen gleichen einer Fata Morgana, denn es fehlt ihnen an Substanz, an Festigkeit, an Genauigkeit und damit auch an Beweiskraft. Über die Vorstufe der Glaubwürdigkeit kamen sie bis heute nicht hinaus.

Das ist an sich sehr bedauerlich: Wäre es gelungen, von der Existenz geistiger Materialisationsvorgänge und damit auch realer geistiger Daseinsebenen zu überzeugen, dann sähe unsere heutige Weltanschauung wesentlich anders aus. Das allgemeine menschliche Interesse hätte sich vorrangig von äußeren Dingen auf geistige Erscheinungen und Ausprägungen verlagert, also den Denkvorgängen eine überragende Bedeutung eingeräumt, wie es z. B. zu den religiösen Hauptforderungen gehört. Nicht sekundäre äußere Lebensverhältnisse, sondern die Gestaltung primärer innerer Bewußtseinszustände wären zur Auswirkung gelangt, hätten gewissensverschärfend gewirkt und das menschliche Zusammenleben wesentlich verbessert und entgiftet. Eine mittelbare Beeinflussung aller Denkvorgänge durch äußere Lebensumstände erzeugt nie echte dauerhafte Glücksgefühle, sondern nur ihre bewußte und unmittelbar veredelte Erzeugung. Diese Umstellung aber kann nicht durch Zielvorstellungen von nebelhafter Art geschehen, die weder Klarheit noch Gewißheit verbreiten. (Das ist z. B. mit ein Grund, weshalb bloßes positives Denken wenig bringt. Es wird meist auf irdisch-materielle Dinge bezogen.)

Der menschliche Erlösungsvorgang vom Leid braucht also eine durchgreifende Korrektur, denn er ist nicht durch indirekte äußere Mittel erreichbar, sondern beruht auf den innerlichen Kraft- und Nachwirkungen veredelter und innerlich erwärmender Denkvorgänge!

Woran liegt es nun aber, daß unsere Wissenschaft bis heute noch nie den Versuch unternahm, diesen wichtigen Wahrheitskern auf seinen tatsächlichen Gehalt zu erforschen und die Geheimnisse um die Existenz dieser sagenhaften geistigen Welt zu lösen? Warum hat es noch niemand gewagt, eine „Expedition“ (unter wissenschaftlichen Voraussetzungen) ins metaphysische Jenseits zu unternehmen? (Niemand ist vielleicht etwas übertrieben, aber diejenigen Wissenschaftler, die es wagen, werden selten ernst genommen und bleiben meist Rufer in der Wüste.)

Zweifellos kann ein derartiger Versuch nicht mit den üblichen Mitteln und auf den bisherigen Grundlagen durchgeführt werden, sondern bedarf wesentlich anders gearteter Voraussetzungen. Da diese aber offensichtlich noch nicht gefunden wurden, bleiben alle Bemühungen ergebnislos.

Wenn jene unsichtbare Welt aber das Endergebnis geistiger Anstrengungen wäre, also eine geistige Ausprägung, und einen ausschließlich geistigen Ursprung haben soll, dann muß die bisherige Definition geistiger Vorgänge falsch sein. Als bloße Funktion lassen sie sich wohl ein- und abschalten, führen jedoch nicht zu ständig weiterwirkenden und lange anhaltenden Kraftnachwirkungen. Gerade diese beweisen in vielen Dingen ihren Fortbestand. Damit zeigen sie alle Merkmale, wie sie nur Kraftarten aufweisen: Sie werden immer nur durch die Verbindung mit einer Substanz erkennbar, speichern sich in ihr auf, bilden zusammen mit ihr eine besondere Einheit, entwickeln sich damit zu einer lebendigen Kraftquelle und wirken aus ihr in ihrer charakteristischen Weise heraus, weil sie sonst ohne Bestand wären.

Dieser wesentliche Unterschied sollte uns endlich zu ernsthaftem Nachdenken veranlassen. Er beweist, daß das Geistige ja ein ständiger Erzeuger von anhaltenden Kraftwirkungen ist. Es verfügt also nicht nur über die dazu notwendige Intelligenz, sondern zugleich auch über die erforderlichen Energien, um seine Vorstellungen, Gedanken und Gefühle in neutraler Urmaterie zu realen metaphysischen Einheiten auszupragen und als Bewußtseinseinheiten in gleicher Form weiter wirksam zu machen.

Damit sind für die Entdeckung und Erforschung jener Welt, deren Erscheinungen, Möglichkeiten und Fähigkeiten als irrational gelten, zwei wichtige Voraussetzungen gegeben. Die eine ist der Geist als Intelligenz- und Kraftzentrum zugleich, die andere eine noch nicht erforschte neutrale Substanz, die auf geistige Krafteinflüsse reagiert und durch diese nicht nur gestaltet, bewegt und verändert wird, sondern sie gleichzeitig in der ausgeprägten Form aufspeichert. Ihre Produkte werden dadurch zu selbständigen, in ihrer originalen Erzeugungsform weiterwirkenden Potenzen.

Auf der Basis dieser beiden wichtigen Faktoren lassen sich bereits Grundlagen erkennen, auf denen eine schöpferische Geistestätigkeit durchführbar ist, um eine vorhandene Ideenfülle in reale metaphysische Objekte auszuprägen und daraus eine ursprüngliche, wesentlich verfeinerte und metaphysische Welt zu konstruieren.

Zur Erkennung aller ihrer Einzelheiten gehört freilich noch eine weitere wichtige Vorbedingung dazu, um überzeugende Existenzbeweise zu erbringen ... nämlich eigene praktische Erlebnisse und Erfahrungen als Untersuchungsmaterial, an dem wissenschaftliche Forschungen betrieben und greifbare Ergebnisse erzielt werden können. Wo diese Voraussetzungen zutreffen, sieht der Versuch einer Erforschung metaphysischer Daseinsebenen keineswegs mehr so utopisch aus, wie es anfänglich erscheinen mag. Vielmehr handelt es sich um ein Projekt wie jedes andere auch, wenn auch mit ungewohnten Vorzeichen, an die wir uns aber ohnehin werden gewöhnen müssen, wenn wir unsere Lebenssituation verbessern wollen.

Ich möchte deshalb in diesem Buch (mit Hilfe der Unterlagen Walter Krügers) den systematischen Versuch machen, Licht ins Dunkel metaphysischer Bereiche zu bringen, auf möglichst einfache und sachliche Weise und unter Berücksichtigung eigener Beobachtungen, Erkenntnisse und Erfahrungen. Aufgrund meiner beruflichen Tätigkeit habe ich fast täglich Gelegenheit, mich mit Mitmenschen über diese Themenbereiche zu unterhalten. Dabei treten auch ihre tatsächlichen

Probleme und geistigen Bedürfnisse zu Tage und erlauben eingehende Analysen und Beobachtungen. Nicht selten sind es gerade Menschen, die sich selbst intensiv mit Esoterik und Grenzgebieten der Wissenschaft beschäftigen, die in echte seelische Not geraten. Wenn Sie versuchen, die folgenden Überlegungen nachzuvollziehen und sich selbst und Ihre Umwelt genauer beobachten lernen, werden auch Sie für vieles einfache, logische und sachlich begründete Bestätigungen entdecken.

Man müßte ein Mensch mit hochentwickelten Sonderbegabungen sein, um kommende Ereignisse vorauszusehen oder zu erahnen. Man müßte möglichst auch Gedanken lesen können, um rechtzeitig zu wissen, wo sich etwas Besonderes tut und wo Dinge geschehen, die für uns von Interesse sind. Man sollte ..., man kann oder ist aber leider nicht! Wir können nur mit offenen Augen und geschärften Sinnen durch die Welt gehen, ständig auf der Suche, um hin und wieder einmal ein nicht alltägliches Resultat zu erzielen.

Warum haben eigentlich nur sehr wenige Menschen derartige vorausschauende Begabungen? Die natürlichen Veranlagungen, welche bei ihnen sichtbar werden, müßten doch auch entwicklungsfähig sein, das heißt, wenn sie auch nur selten in Erscheinung treten, so deuten sie dennoch auf vorhandene Grundlagen hin, die aus unerklärlichen Gründen nur noch nicht (oder nicht wieder) zur Entfaltung gekommen sind.

Dieses Warum gehört immer wieder zu denjenigen Fragen, welche mich aus verschiedenen Gründen stets wieder faszinieren. Sie fallen unter den Oberbegriff PSI-Phänomene. Ich weiß, daß es sich dabei um Dinge handelt, die aus dem zeitgenössischen Geschehen nicht mehr wegzudenken sind. Sie erfassen immer weitere Kreise und nehmen ständig einen größeren Umfang an. Grund genug, daß man sich eingehender damit zu beschäftigen beginnt.

Das Lexikon sagt z. B. zur Parapsychologie: Lehre von den normwidrigen, nicht krankhaften seelischen Erscheinungen. Diese Andeutungen befriedigen mich in keiner Weise. Im Gegenteil reizen sie geradezu, den Tatsachen auf den Grund zu sehen, soweit das überhaupt möglich ist.

Seit die Bücher von Blavatzky, Besant, Swedenborg, Aksakoff, Steiner, Lorber, Schrenck-Notzing und vieler anderer erschienen sind, macht sich auf diesem unergründlichen Gebiet bei vielen eine wachsende Unruhe bemerkbar.

Einerseits mag dies daran liegen, daß gerade das Geheimnisvolle stets einen besonderen Reiz ausübte, andererseits fallen in den Bereich der PSI-Phänomene zahlreiche seltsame Ereignisse wie z. B.

- Telepathie (Gedankenübertragungen)
- Psychometrie (Erfühlen fremder Zustände...)
- Hellsehen
- Psychokinese (Einwirkung des Geistes auf die Materie)
- Telekinese (Fernbewegung von Gegenständen)
- Spukerscheinungen (paranormale Erscheinungen)
- Geistheilung (Form der Psychokinese)

und vieles mehr.

Alle diese Vorgänge sind bisher nicht greifbarer Art, mit denen jedoch jeder schon in irgendeiner Form in Berührung kam und für die er vielleicht schon selbst nach Erklärungen zu suchen begann, sofern ihm der Vorgang bewußt wurde.

Gerade heute sind viele Menschen ernsthafte Sucher nach neuen Erkenntnisquellen, die ihnen Genaueres und Überzeugenderes sagen über jene Fragen, welche sie am meisten beschäftigen, nämlich Herkunfts- und Zukunftsprobleme, und über ihr religiöses Verhältnis zum Schöpfungsgedanken. In dieser Beziehung ist eine riesige Völkerwanderung im Gange und hofft, derartige Lösungen vor allem durch die Erklärung paranormaler Erscheinungen im weitesten Sinne oder aber durch die Theologie zu finden.

Wenn man sich nun aber aufmacht, um mit den Grenzwissenschaften und ihren Phänomenen in nähere Berührung zu kommen, sieht man sich plötzlich vor großen Schwierigkeiten. In ihrem gegenwärtigen Zustande zeigt die ganze diesbezügliche Wissenschaft alles andere als ein klares und einheitliches Bild. Sie ist total zerspalten und aufgegliedert in zahllose Gruppen, Grüppchen, Gemeinschaften, Forschungsgesellschaften usw., von denen jede überzeugt ist, den einzig richtigen und allein seligmachenden Weg gefunden zu haben.

Der erste Eindruck ist deshalb nicht überwältigend. Man meint, die – sagen wir mal – „geistige Wissenschaft" befinde sich erst in einem Gärungszustand beginnender Konsolidierung und müsse noch in einem kommenden Umschmelzungsprozeß zu einer wirklichen und wissenschaftlich begründeten Einheit zusammenwachsen. (Alle wollen zwar dasselbe, jeder zerrt aber in eine andere Richtung: – Futter- oder Konkurrenzneid? Ein Grundübel unserer Denkart!)

Auch die vielfältige Literatur läßt keine definitiven Schlüsse zu, da sie sehr oft allzu stark im Religiösen oder aber im Wissenschaftlichen verhaftet ist.

Lassen Sie uns gemeinsam den Versuch machen, eine Synthese zwischen beiden herbeizuführen.

Metaphysik und Geistwissenschaft

Vorerst möchte ich den Begriff Metaphysik zum bessern Verständnis näher definieren:

Wenn man Physik als die Lehre von den Zuständen der Körper bezeichnet, so ist ein Physiker ein Mensch, der diese Zustände materieller Objekte genau erforscht hat und sie praktisch auszuwerten versteht.

Metaphysik müßte nach dieser Definition deshalb die Lehre von den Zuständen derjenigen Körper sein, die hinter allen uns bekannten atomaren Naturerscheinungen liegen, also der geistigen Energie, ihren stofflichen Bindungen und ihren Gestaltungen.

Ein Metaphysiker wäre somit ein Mensch, der die Zustände dieser geistigen Produkte kennt und sie ebenfalls praktisch auszuwerten vermag.

Ein seriöser Metaphysiker, Parapsychologe oder Geistwissenschaftler ist mit Sicherheit kein Mensch, der Geheimniskrämerei, okkulte Handlungen oder ähnliches betreibt. Bei all diesen Bereichen handelt es sich um eine noch in den Anfängen steckende Wissenschaft, die trotz ihrer Unvollkommenheit je länger je mehr Menschen brennend interessiert. Vor allem die Frage nach dem Woher, Wozu und Wohin, also nach dem Sinn und Zweck unseres Daseins.

Hier scheint die Frage berechtigt, ob man von der Geistwissenschaft oder Metaphysik überhaupt von einer Wissenschaft sprechen kann, nachdem sie so zerspalten, widerspruchsvoll und ohne feste Grundlagen und Einigkeit in Erscheinung tritt.

Der äußere Eindruck erscheint sicher unerfreulich. Viele, die sich ernsthaft mit paranormalen Phänomenen befassen, stehen ihnen genauso laienhaft gegenüber wie der Durchschnittsmensch, der die

Naturerscheinungen rein äußerlich betrachtet und seine gewonnenen Eindrücke zu einem Weltbild zu verarbeiten sucht. Erst ihre innere Strukturerkenntnis ermöglicht bessere Voraussetzungen und einheitliche Auffassungen, mit anderen Worten: ihre gründlichere wissenschaftliche Durchleuchtung. Trotzdem gibt es einige, die in der Wissenschaft vom Geist (auch Parapsychologie und Metaphysik) die wichtigste Grundwissenschaft erkannten. Wenn sie sich einmal durchgesetzt haben, wird die geistwissenschaftliche Bewegung eine großartige Einheit sein.

Diese wenigen müßten dann allerdings eine andere, bessere Erkenntnisgrundlage haben, denn auf einem so schwer zugänglichen Gebiet kann man durch eine Synthese vieler zusammengetragener Einzelergebnisse äußerer Eindrücke kaum zu einem einheitlichen Resultat gelangen.

Untersuchungen und Forschungen lassen sich immer nur an einer zusammenhängenden Kette selbsterlebter Vorgänge durchführen. Aber diese instruktiven Möglichkeiten besitzen auf diesem Gebiet nur wenige. Wer nicht ständig experimentieren und seine Ergebnisse durch selbstverspürte Wirkungen solange überprüfen kann, bis sie einwandfrei sind, wird immer nur in Vermutungen stecken bleiben. Der Aufbau einer echten Wissenschaft des Geistigen und aller ihrer Erscheinungsformen aber kann sich immer nur so wie bei allen anderen Wissenschaften vollziehen.

In der Geistwissenschaft sind dies die kleinsten geistigen Bewußtseinseinheiten, also Gedanken, Vorstellungen und Gefühle. Ihre Entstehung und Gestaltung sind zu untersuchen; ihre Anhäufungen und summierten Kraftwirkungen zu beobachten; ihr Einfluß auf die ganze geistige Persönlichkeit ist festzustellen, um daraus dann die notwendigen Schlußfolgerungen zu ziehen, um schließlich als Beweis ihrer Richtigkeit und als Schlußstein mit einer gutbegründeten geistigen Praxis zu enden.

Wer also den realen Weg aller Wissenschaften gehen will, der immer über anhaltende praktische Versuche führt, sollte exakte, vielfach erprobte und wiederholbare Aussagen machen können. Er kann sonst immer nur vermuten, annehmen, glauben oder ausdeuten.

Die Frage ist, wie sich diese Methode auf die fragmentarischen, dem Realen kaum vergleichbaren Bereiche der Geistwissenschaft anwenden läßt. Hier beginnen die Schwierigkeiten, die ich in diesem Buch näher beschreiben und durchleuchten möchte, denn es ist nicht ganz einfach, etwas sachlich zu begründen oder gar zu beweisen, was für uns nicht faßbar und materiell erkennbar ist.

Das kann nur jemand, der sich über lange Zeit gezwungenermaßen mit der geistigen Welt auseinandersetzen mußte, was zwar viele Menschen erleben, sich dessen aber nicht bewußt werden.

Walter Krüger (und teilweise auch ich selbst) gehörte zu ihnen und konnte dadurch Erfahrungen und Entdeckungen machen, die den meisten versagt bleiben, weil sie die wahren Hintergründe nie zu entdecken vermögen.

Für solche Erkenntnisse kann man nur dankbar sein, obwohl es sich um eine harte, aber instruktive Schulung handelte. Man kann sie nur siegreich beenden und seine völlige (geistige) Freiheit wiedergewinnen, wenn man die Vorgänge ununterbrochen verfolgt, genau analysiert, immer wieder nach jeder Richtung hin intensiv durchdenkt und sich schließlich selbst zu einem sogenannten „geistigen Techniker" entwickelt, der imstande ist, sich mit selbsterzeugten positiven geistigen Kraftwirkungen (positives Denken alleine genügt nicht) gegen den Ansturm negativster Einflüsse zu wehren. Wer dieses Resultat nicht erreicht, muß dabei zwangsläufig unterliegen oder zumindest in seiner unbefriedigenden Lage verharren.

Ich möchte deshalb das geistwissenschaftliche Problem rein praktisch anfassen, es mit praktischen Hinweisen erläutern und vor allem gut begründet erklären, sozusagen als erfahrener Praktiker.

Es ist durchaus nicht notwendig, daß alle Menschen die gleichen Erfahrungen und Auseinandersetzungen durchkosten. Ich habe sie ebenfalls nicht gesucht, sondern sah mich förmlich in sie hineingezogen.

Die für mich realen Ergebnisse liegen vor und stehen allen zur eigenen Prüfung und Kritik zur Verfügung. Von allen andern wissenschaftlichen Ergebnissen machen wir heute ebenfalls Gebrauch, ohne persönlich den mitunter recht gefahrvollen Weg vorausgegangener Experimente gehen zu müssen.

Ich möchte hier den Versuch unternehmen, den vielumstrittenen menschlichen Geist, seine Funktionen und seine Produkte an Vorstellungen, Gedanken und Gefühlen als den kleinsten geistigen Einheiten bis zu seinen größten Zusammenfassungen, ja bis zu seinem universalen Weltbild aufzuzeigen. In ihm sind die vielen merkwürdigen Phänomene geistiger Art an ihrem bestimmten Platz vermerkt und eingeordnet.

Gerade die kleinsten geistigen Bewußtseinseinheiten verdienen die größte Beachtung in der Wissenschaft des Geistigen. Sie sind ja ihre Grundbestandteile und Elemente, sozusagen die Atome der Metaphysik. Ihr wissenschaftlicher Aufbau kann nur mit ihrer Erforschung beginnen, das heißt mit der gesetzmäßigen Grundlage aller geistigen Vorgänge. Daraus entwickelt sich die Metaphysik und im weiteren Verlauf die geistige Praxis. Praxis aber ist angewandte richtige und begründete Erkenntnis.

Metaphysik und ihre Praxis brauchen wie jede andere Wissenschaft reales Arbeitsmaterial. Wie aber kann man beim Geist und seinen Erzeugnissen von Substanzen oder materiellen Grundbestandteilen sprechen? Er wird doch meistens nur als eine körperlich bedingte Eigenschaft und damit als eine sekundäre Nebenfunktion betrachtet. Hier liegt einer der großen Irrtümer! Ihm verdankt die Menschheit ihre unfriedliche Gesinnung und die katastrophalen Zustände, die früher oder später einmal die befürchtete irdische Zerstörung auslösen können.

Es ist die völlige Unterbewertung geistiger Tätigkeit und geistiger Produktion! Hier liegt die verhängnisvolle Unwissenheit über eine bewußt durchgeführte geistige Arbeitspraxis, das heißt ihrer inneren Krafterzeugung und ihrer dirigierenden Rückwirkungen auf die eigene Willensbildung! Die ganze menschliche Schwäche zeigt sich darin, daß die meisten ihre geistigen Erzeugnisse noch immer nicht als reale, weil kraftausstrahlende und kraftaufspeichernde Substanzen erkennen. Sie wissen auch nicht, daß alle geistigen Kräfte eine besondere Energieart sind, die niemand dafür hält und mit der deshalb auch niemand bewußt umgeht!

(Albert Einstein hat es vielleicht gewußt. Er sagte unter anderem: „Materie ist verdichteter Geist!" Vermutlich ist uns die richtige Bedeutung dieser Aussage bis heute nicht bewußt geworden.)

Seit Jahrtausenden wird immer wieder festgestellt, daß sich die Verhältnisse menschlichen Zusammenlebens nur dann bessern können, wenn sich die Bewohner dieser Erde endlich zu einer Verbesserung ihrer Gesinnung entschließen. Weshalb beginnen wir nicht endlich damit?

Gerade auf dem Gebiet der inneren Vorgänge herrscht bei den Menschen die größte Unwissenheit! Hier liegt der am meisten vernachlässigte, aber entscheidenste Punkt ihrer Entwicklung. Es ist die fehlende Erkenntnis über ihr Hauptwerkzeug – den Geist, seine Funktionen, seine Arbeitsmethode, seine Erzeugnisse und vor allem über seine dauerhaften Kraftwirkungen!

Denn das größte menschliche Geheimnis lautet:

Geistige Energien und ihr richtiger Gebrauch!

Wer darüber keine genauen und umfassenden Auskünfte geben kann, könnte sich alle gutgemeinten Ratschläge und Ermahnungen vollständig ersparen. Er kann ja niemand im richtigen Gebrauch seiner inneren Funktionen unterrichten und ihm helfen, seine inneren Kraftverhältnisse des Bewußtseins, die nur reine Zufallsergebnisse sind, wieder in Ordnung und in Harmonie zu bringen.

Nun werden Sie den Nachweis fordern, daß geistige Erzeugnisse reale substantielle Produkte sind. Diesen Versuch wollen wir im Verlaufe dieses Buches machen.

– Geistige Substanzen sind die Grundlage, auf der sämtliche bisher unerklärliche Phänomene beruhen. Ohne sie wäre weder Hellsehen, Hellhören, Psychometrie, Telepathie, Geistheilung und vieles mehr möglich, denn die unerläßliche Voraussetzung dafür sind immer reale Objekte oder reale Schwingungen. Wer dies begriffen hat, versteht zugleich ihr Zustandekommen.
  Selbstverständlich müssen das äußerst feine Substanzen sein, die noch unterhalb der uns heute bekannten atomaren Struktur liegen.
– Alle geistigen Produkte, also Vorstellungen, Gedanken und Gefühle, haben deutlich nachweisbare und sehr reale Wirkungen. Denken Sie z.B. an weit zurückliegende Jugenderinnerungen. Immer sind dabei die alten originalen Ausprägungen wieder sichtbar, aber die dabei produzierten dazugehörigen Gedanken und Empfindungen sind auch wieder fühlbar. Sind das nicht nachweisbar erhaltene Kraftwirkungen alter Geisteserzeugnisse?

- Können wir nicht jederzeit ganz gewollt ähnliche weit zurückliegende Vorstellungen auf unserer inneren Bewußtseinsebene immer wieder in annähernd gleicher Art zurückrufen und sichtbar werden lassen?
  Sie müssen also noch vorhanden sein!

Es gäbe noch eine ganze Fülle von überzeugenden Beispielen, daß alle geistigen Erzeugnisse reale und substantielle Kraftprodukte voll unzerstörbarer Wirkungselemente sind.

- Geistige Erzeugnisse existieren in verschiedenen Festigkeitsgraden. – Sie werden immer wieder mit den gleichen Mängeln oder Fehlern, aber auch mit den gleichen Wirkungen wahrnehmbar. (Es ist eine Eigenart des Menschen, aufgrund von Vergangenem immer wieder die gleichen Fehler zu machen.)
- Ihre nachträgliche Berichtigung und äußerliche wie inhaltliche Korrektur ist möglich. Ohne vorhandene Substanz wäre dies undenkbar.
- Geistige Bewußtseinseinheiten sind zugleich Krafteinheiten, die sich verstärken, schwächen oder neutralisieren lassen. Man könnte sagen, sie lassen sich mathematisch addieren und summieren, multiplizieren, subtrahieren oder sogar dividieren. Dies wäre bei wesenlosen Gebilden kaum möglich.
- Geistige Fehlkonstruktionen mit unangenehmen Nachwirkungen lassen sich nur durch bewußte Erzeugung von neuen geistigen Produkten mit entgegengesetzten Kraftwirkungen neutralisieren. Auch auf der geistigen Ebene wirken also Kräfte und Gegenkräfte aufeinander.
- Noch weit überzeugender ist die Erkenntnis, daß geistige Beeinflussungs- oder gar Vergewaltigungsversuche nie durch körperliche, sondern allein durch geistige Gegenwehr abgewiesen werden können.
  Außerdem wären weder Gebetswirkungen noch Geistheilungen ohne reale Kraftwirkungen möglich.
- Überall, wo Kräfte und Energien wirksam werden, sind sie stets an eine materielle Grundsubstanz gebunden, an der sie haften und von der sie ausstrahlen, weil sie sich sonst sofort auflösen und verflüchtigen müßten.

Diese Substanzen müssen imstande sein, geistige Energien zu binden und sich ihrer Gestaltungskraft anzupassen.

- Atome, z.B. schon das einfachste Wasserstoffatom, sind bereits großartige und weit in die Zukunft schauende Konstruktionen. In ihnen wurden bereits wunderbare geniale Ideen realisiert.

  Sie bestehen ja bekanntlich aus zwei verschiedenen Komponenten, das heißt aus Protonen und Elektronen. Beide besitzen eine verschiedene Kraftgrundlage, sind also vorher sichtlich schon bearbeitet worden. Denn in den Protonen ist positive, in den Elektronen negative Energie gespeichert. Interessant ist nun, daß es neben diesen beiden Arten auch noch völlig unbeeinflußbare elementare Urpartikel gibt, nämlich die Neutronen. (Ich werde den vor 40 Jahren durch Walter Krüger verwendeten Begriff Neutronen durch PSI-oder Urpartikel ersetzen, um unsere Physiker und Naturwissenschaftler nicht zu reizen.)

Verkörpert dieser Umstand nicht eine geniale Idee, durch das aufeinander abgestimmte Zusammenwirken eines + Protons und eines – Elektrons ein neues kombiniertes und deshalb schwereres Grundelement zu schaffen für eine wesentlich dichtere und schwerere Materie? Denn alle anderen Arten von Atomen sind ja nach der periodischen Reihe der Elemente nur Vervielfältigungen dieser Grundform.

Gerade diese geniale Idee ist es, die einen großen schöpferischen Geist als Urheber verrät. Sie deutet auf eine bestimmte Absicht und einen Willensakt hin.

Die als positiv und negativ erkennbaren Kraftwirkungen müssen deshalb seines geistigen Ursprungs sein. Ihr Ausgangsmaterial aber müssen bisher völlig unbeeinflußte und neutrale Urstoffpartikel (PSI-Partikel) sein. (Eine bessere Definition fällt mir nicht ein.)

Das Ausgangsprodukt der ganzen atomaren Elementarreihe muß ein reines geistiges Erzeugnis sein.

Die darin wirksame Kraft ist geistige Energie und eine darin ausgeprägte wirksam gewordene Idee.

PSI-Partikel aber sind die eigentliche Urmaterie, das heißt der stoffliche Ausgangspunkt aller Dinge.

Geist aber ist die Veränderungen, Bewegungen und Gestaltungen hervorrufende universale Energie.

Alle geistigen Produkte müssen deshalb reine Urstoffgebilde eines ersten schöpferischen Verdichtungs- und Kombinationsvorgangs sein. Dazu gehören auch die negativen und positiven Teile als Einzelerscheinungen.

Erst ihr aufeinander abgestimmtes Zusammenwirken schuf eine zweite Verdichtungs- und Kombinationsgrundlage mit kombinierten Atomen als Ausgangsbasis.

Daraus aber folgt, daß auch die geistige Produktion des Menschen ein schöpferischer Verdichtungs- und Kombinationsvorgang der ersten Stufe sein muß.

Um die Grundlagen der Geistwissenschaft zu erkennen, bleibt nichts übrig, als tief zu schürfen und entgegen allen üblichen Vorstellungen zu denken. Man muß von den ersten und einfachsten Bewußtseinseinheiten geistiger Prägung ausgehen. Auf diesen Fundamenten ruht alles, was zur geistigen Wesensart gehört.

Von vorstehenden Voraussetzungen ausgehend (solange es keine besseren gibt), wären somit alle geistigen Erscheinungen und Vorgänge als real anzusehen, und das auch heute noch oft belächelte Jenseits müßte eine absolut reale Welt zwar nicht auf atomarer, sondern auf urstofflicher (oder feinstofflicher) Grundlage sein.

Das sind mögliche Erklärungen, die wir akzeptieren können und die eine große Revision aller bisherigen, oft als unanfechtbar geltenden Ansichten nach sich ziehen könnten.

Als stofflich-reale Erscheinung müßte diese sagenhafte geistige Welt dann aber auch durchaus erforschbar, ja sogar unter bestimmten Voraussetzungen betretbar und erkundungsfähig sein. (Echte ASW scheint ein geeignetes Mittel dazu zu sein.)

In den folgenden Kapiteln möchte ich den Text weitgehend so wiedergeben, wie ich diesen von Walter Krüger übernommen habe. Auch die durch ihn geprägten Ausdrücke und Begriffe wie z. B.: geistige Mechanik, geistige Technik und geistige Praxis.

Die geistige Mechanik

Lassen Sie mich vorerst die bisherigen Überlegungen und Erkenntnisse nochmals kurz zusammenfassen:

- Wir können den Geist als das große gestaltende Prinzip und als Urheber aller Erscheinungen bezeichnen.
- PSI-Partikel (von Walter Krüger vor 40 Jahren mit Neutronen gleichgesetzt stellen das noch völlig unberührte und unbeeinflußte Arbeitsmaterial dar.
- Wir können zwei verschiedene Stoffarten und daher auch Daseinsebenen unterscheiden:
  Eine nur auf ausgeprägtem Urstoff (PSI-Partikel) beruhende verfeinerte und leichtere geistige Welt und eine auf bereits kombinierten und zusammengesetzten Urstoffgebilden oder Atomen bestehende irdische Welt, die deshalb wesentlich gröber, schwerer, kompakter und dichter ist.
- Alle menschlichen Geistesprodukte und Tätigkeiten, also alle Vorstellungen, Gedanken und Gefühle sind solche primären Urstoffgestaltungen, das heißt geistige Energieausprägungen in Verbindung mit stofflichen PSI-Partikeln – also geistigen Materialisationen.

Die Richtigkeit dieser Erkenntnisse vorausgesetzt, müssen sie bei sorgfältigem Durchdenken zu phantastischen Folgerungen führen und das bisher gestaltete und geltende Weltbild total verändern.

Bisher hat der Mensch immer nur an äußeren Verbesserungen gearbeitet, nie aber an seine eigenen, ihm viel näher liegenden inneren Zustände gedacht. Sein Blick ging weit mehr nach außen als nach innen. Äußerlich wurde alles verbessert und korrigiert. Über seine inneren Bewußtseinszustände aber besaß er weder Einblick noch

Überblick und sah sich deshalb außerstande, ordnend und ausgleichend darin einzugreifen.

Wohin das geführt hat, ist überall sichtbar, nämlich zu immer schärfer werdenden Gegensätzen, Beunruhigungen und Feindseligkeiten. Wer über seine inneren Vorgänge und seine geistigen Kraftpotenzen nicht klar sieht, sondern sie nur für nebensächliche oder unbedeutende Nebenerscheinungen hält, kann seine inneren Zustände nie verändern. Er lernt sie nie regieren, sondern wird von ihnen beherrscht.

Solange alle geistigen Gebilde als unreal und wesenlos und als sekundäre Erscheinungen primärer körperlicher Urheber angesehen wurden, waren sie abstrakt, unvorstellbar und uninteressant. Deshalb fanden sie nur sehr geringe Beachtung.

Von dem Augenblick aber, wo sie als geistige Kraftausprägungen, absorbierende und ausstrahlende Gebilde, also auch als reale Objekte angesehen werden, muß in dieser Beziehung zwangsläufig ein grundlegender Wandel eintreten. Zwar sind sie immer noch feinstofflicher und deshalb unsichtbarer, dennoch aber wirkungsmäßig bereits deutlich wahrnehmbarer Art. Als materielle Gebilde und Kraftpotenzen aber müssen sie das allgemeine Interesse in weit stärkerem Maße auf sich ziehen als früher.

Jeder muß also mit der Tatsache rechnen, daß geistige Betätigungen zu ständigen Materialisationen, das heißt zu Urstoffgebilden, führen und daß daraus reale Kraftpotenzen entstehen.

Dieses geringe Wissen genügt natürlich noch lange nicht, um gleich richtig damit umzugehen. Auch für so hochempfindliche Energiearten wie z.B. die Elektrizität oder gar die Atomkraft sind umfangreiche Grunderkenntnisse notwendig, damit kein Schaden, sondern ein wirklicher Nutzen daraus entsteht.

Auch auf dem Gebiet der Geistwissenschaft ist ein umfassendes Wissen über die geistige Mechanik und die geistige Technik eine unumgängliche Voraussetzung.

Dies sind vermutlich zwei Begriffe, die für Sie neu sind.

Bei der geistigen Mechanik handelt es sich um reine stoffliche, automatische und gesetzmäßige Vorgänge.

Bei der Technik aber spielt die richtige, geschickte und vorteilhafte Anwendung dieser Gesetze die Hauptrolle.

Die nächste Frage müßte also lauten: Welchen Gesetzen der Mechanik alle geistigen Erzeugnisse denn unterliegen.

Sie werden staunen, wie zahlreich und vielseitig sie sind und wieviel man davon wissen muß, um ein geistiger Techniker zu werden. Denn es handelt sich dabei ja im eigentlichen Sinne um eine „Materiallehre" über geistige Substanzen.

Zunächst müssen wir uns mit der Entstehung aller geistigen Produkte auseinandersetzen.

Der neutrale Urstoff, aus dem sie gebildet werden, muß an sich für alle geistigen Regungen und Energiestrahlungen außerordentlich empfindlich, reaktionsfähig und absorbierend sein, da er sich gemäß aller geistigen Vorstellungen und dem dazugehörenden Inhalt gestaltet.

1. Das Grundgesetz geistiger Mechanik lautet also:
   Alle geistigen Regungen und vor allem alle bewußten Energieausprägungen beeinflussen als geistige Kraftwirkungen sofort die Urmaterie, verändern ihre Neutralität und durchtränken sie mit ihrem Inhalt an dazugehörigen Gedanken und Gefühlsempfindungen. Was daraus entsteht, ist eine neue Bewußtseinseinheit.
2. Diese neue geistige Einheit ist ein völlig selbständiges und unabhängiges Gebilde geworden. Es läßt sich nicht mehr in seine beiden Grundbestandteile – Energie und Urstoff – zurückverwandeln, kann also auch nicht mehr aufgelöst werden. Der Geist kann also seine verarbeiteten Energien nicht mehr zurücknehmen und sie auch nicht mehr in ihren ursprünglichen neutralen Zustand umformen.
3. Da in jeder neu entstandenen geistigen Bewußtseinseinheit ausgeprägte geistige Energie gespeichert ist, also lebendiger Geist, entsteht aus ihr eine Kraftpotenz, in welcher die assimilierten Kraftwirkungen erhalten und dauernd in gleichem Sinne fortwirkend verbleiben.
4. Mit den gleichen einmal ausgeprägten Inhalten wirken sie ständig auf ihren Erzeuger zurück.

Der Erzeuger seiner Vorstellungen, Gedanken und Gefühle wird sich also bei jeder Rückerinnerung guter geistiger Kraftwirkungen erfreuen, mit schlechten sich aber erheblich und nachhaltig belasten.

Sie werden ja zu seinem inneren Besitz, das heißt zu festen Bestandteilen seines Bewußtseins. Ihre Kraftinhalte müssen dort deshalb jederzeit verspürbar bleiben.

5. Bei jeder geistigen Tätigkeit wird der inneren Energiezentrale eine bestimmte Energiemenge entnommen, wird diese ausgeprägt und gleichzeitig mit einer bestimmten Urstoffmenge verbunden. Geistige Tätigkeit ist also ein ständiger schöpferischer Materialisationsvorgang.
6. Da alle Bewußtseinselemente gleichzeitig auch mit ihrem ausgeprägten Inhalt weiterwirkende Krafteinheiten sind, verhalten sie sich wie lebende Menschen in einer Massenversammlung. Das heißt, sie wirken kaum als Einzelerscheinungen, sondern ordnen sich in gleichartige kleinere oder größere Gruppen, um einen verstärkten Wirkungsfaktor darzustellen.

Diese Gruppen schließen sich aus dem gleichen Grunde wieder zu noch größeren und verstärkten geistigen Krafteinheiten ähnlicher oder verwandter Art zusammen, so daß nun daraus nicht mehr zu übersehende innere Kraftschwerpunkte oder geistige Kraftkomplexe entstehen. Darüber hinaus kommt es noch zu weiteren übergeordneten Zusammenschlüssen, daß heißt, zu geistigen Kraftströmungen innerhalb des Bewußtseins. Schließlich entwickeln sich triebhaft verspürte Neigungen, Interessen, Wissensgebiete, Talente, ja sogar Charaktereigenschaften und endlich individuell entfaltete Persönlichkeiten. Immer ist es ihr selbstgestalteter geistiger Bewußtseinsinhalt, der ihnen ihr besonderes Gepräge verleiht. Aber auch hier ist ihr mechanischer Entwicklungsverlauf noch nicht beendet, denn zuletzt gestaltet sich daraus ein klar erkennbarer Gesinnungsquerschnitt mit entweder positiven, neutralen, unterschiedlichen oder ausgesprochen negativen Wirkungsrichtungen.

7. Das alles vollzieht sich innerhalb des Bewußtseins und der darin angehäuften Fülle von Krafteinheiten rein mechanisch, denn es handelt sich ja um Potenzen, die eigene Kräfte und Kraftrichtungen besitzen. Sie brauchen deshalb auch keine besondere ordnende Hand.
8. Das Bewußtsein ist keine bloße Sammelstelle von Urstoffgebilden, sondern zugleich ein gewaltiger Kraftspeicher für alle darin zur Ausprägung gelangten geistigen Energien.

9. Durch seinen im Laufe der Lebensjahre angehäuften Inhalt und dessen ständige Vermehrung entwickelt sich das Bewußtsein zu einem wichtigen zusammenfassenden und dirigierenden Willenszentrum, das alle neuen Entscheidungen trifft und dazu durch die von innen wirkenden Komplexe entscheidend beeinflußt wird.

Demnach ist der Wille das zusammengefaßte Endergebnis aller vorhandenen Bewußtseinseinheiten und ihrer Impulse. Die verschiedenen Stärkegrade menschlicher Willenskraft ergeben sich also ganz mechanisch aus der Gesamtsumme aller vorhandenen inneren Energieeinheiten. Die Willenskraft kann allerdings durch andere Einflüsse erheblich beeinflußt und geschwächt werden.

10. Je nach ihrer Ausprägung und ihrem Inhalt sind die inneren Kraftströmungen des Bewußtseins keineswegs einheitlich, sondern oftmals völlig entgegengesetzter Art, so daß sie mit ihren gespeicherten Kräften gegeneinander wirken, sich dadurch schwächen, mitunter ganz neutralisieren und alsdann nicht mehr wirksam in Erscheinung treten können.
Das verursacht zwangsläufig unterschiedliche innere Zustände, z.B. Unruhe, innere Kämpfe, Konflikte, Auseinandersetzungen. Sie führen zu Unentschlossenheit und Labilität. Ohne substanzgebundene geistige Energiewirkungen wären derartige unterschiedliche Willensentwicklungen niemals erklärbar!

11. Ohne reale innere Kraftprodukte gäbe es weder ein Gedächtnis, das heißt ein Rückerinnerungs- und Vorstellungsvermögen, noch eine logische Denktätigkeit, die sich immer auf die bereits vorhandenen inneren Objekte stützt und daraus ihre Folgerungen ableitet.

Als Nebenbemerkung möchte ich hinzufügen, daß gerade diese Hinweise recht einleuchtende Argumente darstellen, um den stofflichen Charakter aller geistigen Erscheinungen nachdrücklich zu unterstreichen.

12. Da von allen Kraftzentren immer besondere Kraftschwingungen ausstrahlen, z.B. auch von der Sonne, muß auch ein so stark ausgeprägtes geistiges Kraftfeld, wie es das menschliche Bewußtsein ist, ebenfalls ein ausstrahlendes Schwingungszentrum sein.

13. Schon jede einzelne Bewußtseinseinheit, das heißt jede Vorstellung mit den dazugehörenden Gedanken und Gefühlen, besitzt

einen bestimmten geistigen Schwingungscharakter und daher auch eine bestimmte geistige Schwingungszahl.

14. Die Existenz einer großen geistigen Schwingungsskala läßt sich rein gefühlsmäßig durch Vergleiche zwischen hohen Schwingungen herzlicher Liebe oder Zuneigung und niederen Schwingungen kalter Rachsucht oder starken Hasses ermitteln. Hohe Schwingungen aus allen edlen Geisteserzeugnissen werden als innerlich erwärmend, leicht, erhebend und hell empfunden. Niedere Schwingungen aus negativen Geisteserzeugnissen hingegen als kalt, schwer, finster und bedrückend. Was aber schon rein gefühlsmäßig wahrnehmbar ist, muß real sein!
15. Damit muß auch der gesamte Bewußtseinsinhalt mit allen seinen geistigen Kraftelementen eine Durchschnittsschwingung oder Quersumme aufweisen, die seine mittlere Schwingung darstellt, zugleich aber seine geistige Wertzahl ist. Gerade dies ist von besonderer Bedeutung, denn sie charakterisiert untrügbar jede geistige Persönlichkeit!
16. Dieser menschliche Schwingungsdurchschnitt unterliegt ständigen Veränderungen: Durch Hinzufügen neuer hochschwingender und edler Geisteserzeugnisse steigt er – durch Addition negativer tiefschwingender Bewußtseinseinheiten muß er logischerweise wieder sinken.
17. Der gesamte innere Zustand jeder geistigen Persönlichkeit unterliegt somit fortwährenden Schwankungen, das heißt Erleichterungen oder Belastungen, je nach Art der geistigen Produktion. Sein spezifisch-geistiges Gewicht hängt also ausschließlich von der Denkungsart oder der Gesinnung ab.

Die Kenntnis der Gesetze der geistigen Mechanik gehört zum wichtigsten für die gesamte Geistestätigkeit. Jeder, der denkt, vom Kind bis zum Greis, sollte sie kennen und beachten!

Es ist kaum vorstellbar, daß die Menschen bisher noch nicht auf diese gesetzmäßigen Vorgänge ihrer eigenen inneren Mechanik gekommen sind.

18. Da diese Schwingungsskala für alle geistigen Erzeugnisse eine gesetzmäßige Grundlage darstellt, hat sie natürlich auch für die ganze Welt des Geistigen und ihre Daseinsebenen die gleiche Bedeutung. Auch ihre Schwingungsbereiche müssen den gleichen

realen Charakter besitzen und sich deutlich in den leichten unterschiedlichen Schwingungsebenen ausprägen.

19. Jede dieser großen getrennten Schwingungsebenen der geistigen Welt ist nur für diejenigen geistigen Persönlichkeiten bestimmt und zugänglich, die einen entsprechenden Schwingungscharakter und eine gleiche Schwingungs- oder Wertzahl besitzen! Ihr geistig-spezifisches Gewicht erlaubt nur, auf einer dazu passenden Daseinsebene zu leben, wie es z.B. im bekannten Gleichnis vom reichen Mann und vom armen Lazarus geschildert wird!

20. Innerhalb der geistigen Welt und ihrer verschiedenen Schwingungsebenen aber ist je nach Veränderung des geistig-spezifischen Gewichts ein Aufstieg oder ein Abstieg möglich. Das charakteristische Merkmal hierfür ist immer die geistige Wertzahl. Sie richtet sich nach der Denkungsart und der durchschnittlichen Qualität neu hinzukommender Schwingungen. Edle Erzeugnisse erhöhen, schlechte aber belasten.

21. Aus ganz mechanisch wirkenden Gesetzmäßigkeiten muß sich die geistige Welt ihren Schwingungsverhältnissen entsprechend in einen allerhöchsten positiven (göttlichen) Pol und in einen allertiefsten negativen (dämonischen) Pol aufgliedern. Diese Einteilung ist demnach kein bloßes Phantasieprodukt, sondern eine **naturgesetzliche Erscheinung!**

22. Die charakteristischen äußerlichen Merkmale des höchsten göttlichen Pols müssen entsprechend den gesetzmäßigen Grundlagen geistiger Mechanik also die folgenden sein: Strahlende Helligkeit – milde Wärmestrahlung – geistig-spezifische Feinheit und Leichtigkeit – leuchtende Fluoreszenz und ein gewaltiges hochschwingendes Ausstrahlungsvermögen geistiger Energiekonzentrationen.

    Die des Gegenpols aber wären: Schwärze und Finsternis – geistig-spezifische Schwere – kalte Austrahlungen – gewaltige negative und zerstörend wirkende Ausstrahlungen.

    Beide Richtungen sind ausschließlich Ergebnisse entsprechender geistiger Kraftsubstanzen, also reiner Gesinnungsgrundlagen.

23. Die Bewertung jeder geistigen Persönlichkeit erfolgt nach diesen gesetzmäßigen Grundlagen wiederum automatisch und ohne jede Willkür: Sie richtet sich nämlich nur nach der durchschnittlichen

Schwingungshöhe oder der bereits mehrfach erwähnten inneren Wertzahl. Diese wird oft auch äußerlich durch die vorhandenen Ausstrahlungsverhältnisse erkennbar.

24. Auf allen Daseins- und Schwingungsebenen der geistigen Welt können deshalb immer nur Bewohner mit einer annähernd gleichen Schwingungsfrequenz und einem verwandten Entwicklungsstadium leben, jedoch alle möglichen Denkrichtungen aufweisen.
25. Diese weise Maßnahme verursacht einen dem jeweiligen erreichten Entwicklungsgrad entsprechenden friedlichen, beziehungsweise unfriedlichen Status im gemeinschaftlichen Zusammenleben.
26. Unterentwickelten oder noch mehr oder weniger unfriedlichen Bewohnern wird es auf diese Weise unmöglich gemacht, in höhere geistige Schwingungsebenen einzudringen und den dort vorhandenen verbesserten friedlichen Zustand wiederum zu stören.
27. Die gesetzmäßige geistige Mechanik regelt deshalb die Daseinsbedingungen der geistigen Welt mit großer Genauigkeit und Weisheit. Willkür und Ungerechtigkeiten werden völlig ausgeschlossen. Wer sie kennt und beachtet, ist nicht mehr auf ausschließlich religiöse Ausdeutungen und Behauptungen angewiesen, sondern kann sich jetzt ein weit klareres und sachlich begründetes Bild zukünftiger Daseinsmöglichkeiten machen.

Über diese Erkenntnisse sollten sich alle kirchlichen und religiösen Gemeinschaften freuen, besonders aber jene christlichen Charakters, denn sie liefern ihnen für ihre bisher so schwierigen Bemühungen ein überzeugendes Fundament.

Bevor ich die Gesetze der geistigen Mechanik abschließe, möchte ich noch darauf hinweisen, daß jeder in der Lage ist, die im Laufe der Jahrtausende eingetretenen Veränderungen und Wandlungen religiöser Dogmen festzustellen und sie wieder zu berichtigen. Denn alles, was nicht mehr mit diesem natürlichen und gesetzmäßigen Vorgang vereinbar ist, muß zwangsläufig äußerst vorsichtig betrachtet werden.

28. In den schwingungsmäßig schwereren, also negativen, Daseinsbereichen der geistigen Welt muß sich zwangsläufig der friedliche Zustand infolge Gesinnungsverminderung ständig verschlechtern. Diese Ergänzung unserer Vorstellungen gehört zu den Erkenntnissen von großer Bedeutung. Die gegenseitigen Behinde-

rungen, die feindselige Haltung und die gewaltsamen Auseinandersetzungen werden zunehmen. Auch das vollzieht sich rein gesetzmäßig. Katastrophale Zustände sind also selbstverschuldete und automatisch eintretende Zustände einer wachsenden inneren Verhärtung, die keine Rücksichten mehr kennt. Und da sich hier nach dem Gesetz der Vereinigung alles Gleichartigen die negativsten Entwicklungsrichtungen räumlich begegnen, ist begreiflich und vorstellbar, wie die negativen, schlechten und bösartigen Gesinnungs- und Gefühlsarten aufeinander wirken. Daraus wird sichtbar, was unter sogenannten „Höllenqualen" zu verstehen ist und wie sie entstehen.

29. In den reinsten und hochschwingenden geistigen Regionen aber zu leben bedeutet, ständig in diesen erhebenden Ausstrahlungen und lichterfüllten Zonen zu verweilen, sich unter hoch- und höchstentwickelten Mitbewohnern zu befinden, immer nur auf gegenseitige Förderung, Harmonie, Hilfsbereitschaft, Aufrichtigkeit und Herzlichkeit zu treffen, selbst zu dauernder Unterstützung hilfsbedürftiger und aufwärtsstrebender Seelen bedacht zu sein und ganz in rein göttlichem Sinne zu denken und zu handeln. Der bewußte Gebrauch aller vorhandenen geistigen Energien erfolgt nur noch ausschließlich in dieser veredelten und bereits zur Gewohnheit gewordenen Denkrichtung.

30. Schließlich muß noch darauf hingewiesen werden, daß die Bewohner jeder geistigen Region in ihrem Bereich die ständig tätigen Erzeuger und Umwandler neutraler geistiger Energien und damit zugleich auch entsprechende Schwingungserzeuger sind. Das hat natürlich auch entsprechende Auswirkungen auf die Umgebung, die Natur, die Lichtverhältnisse, die Witterung und vor allem auf die gesamte Vegetation. Entsprechend ihrer inneren geistigen Qualität verursachen sie dadurch den äußeren angenehmen und beglückenden Rahmen, in welchem sie leben müssen. Auch dies ist ein völlig natürlicher und rein mechanischer Vorgang.

Ich könnte diese Gesetzmäßigkeiten noch nach allen Richtungen hin erweitern und ergänzen, meine aber, daß dies vorerst genügt. Ihre Voraussetzung und Grundlage ist immer nur die reale geistige Substanz, ihre Ausprägung und ihre ausstrahlenden Kraftwirkungen.

Praktische Anwendungen

Nachdem Sie nun die Gesetze der geistigen Mechanik kennengelernt haben, bekommt auch für Sie vieles ein anderes Gesicht: Die Psychologie, die Philosophie, die Naturwissenschaften und die Religionen. Vieles scheint klarer, übersichtlicher und praktischer zu sein, selbst das, was abstrakt und wesenlos war. Vielleicht sehen Sie die Welt bereits aus einem anderen Blickwinkel?

Diese Wandlung ist nichts Ungewöhnliches. Jeder macht sie durch, der das bisher Unsichtbare plötzlich als Kraftwirkungen und alle geistigen Erzeugnisse als reale Urstoffgebilde kennengelernt hat. Denn dadurch wird für ihn vieles wahrnehmbar, was zuvor scheinbar nicht existierte und bedeutungslos schien.

Wesentlich ist die Unterscheidung zweier großer materieller Grundsubstanzen, nämlich einmal jene durch geistige Energien beeinflußbaren Urstoffpartikel, und die zweite kombinierte und zusammengesetzte atomare Form. Gerade diese überzeugende Darlegung verdeutlicht die Existenz zweier verschiedener Welten, einer geistigen und einer irdischen. Sie löst unter anderem wichtige religiöse Probleme. Am wichtigsten aber ist, daß sie für alle geistigen Denkvorgänge die Unsicherheit beseitigt, sie von nebelhaften Vorstellungen befreit und in überschaubare Arbeit umwandelt. Das ist ungemein wichtig! Hier liegt vielleicht eine der größten Fehlerquellen.

Es ist notwendig, daß wir endlich den großen Urheber allen Seins – Geist und Geisteskraft und die große schöpferische geistige Persönlichkeit – entdecken, deren Ideenfülle überall sichtbar ist und deren ausgeprägte Kraftimpulse alles beleben und aus allem herauswirken. Dieser als sekundär angesehene Geist ist plötzlich keine nebensächliche Funktion mehr, sondern rückt nun in den Blickpunkt menschlichen Interesses, wohin er von Anfang an gehörte, nicht nur als überlegene religiöse, sondern auch als persönliche Erscheinung.

Lassen Sie uns den Versuch machen, den logischen Nachweis seiner Wirksamkeit zu erbringen.

Er (der Schöpfer) denkt ...! Das heißt, seine geistigen Energien und Ideen realisieren sich in neutraler Urmaterie, werden also festumrissene reale Materialisationen und Urstoffgebilde, nicht nur formal, sondern auch inhaltlich.

Alle dazugehörigen Vorstellungen, Gedanken und Emotionen sind darin als ausgeprägte Kraftsubstanzen absorbiert und bleiben damit in ihrem Sinne ständig wirksam!

Er denkt abermals...! Seine gewaltige Geisteskraft verwandelt in einem Schöpfungsakt eine Unmenge urstofflicher Partikel wiederum durch Absorbtion zu hochpotenzierten Protonen – und in einem neuen Schöpfungsakt zu negativen Elektronen. Beide Arten sind so aufeinander abgestimmt und konstruiert, daß sie aufeinanderwirken und sich zu Atomen verbinden, wodurch eine neue kombinierte und wesentlich schwerere Art von Materie entsteht.

Er denkt von neuem ...! Seine zuerst realisierten und materialisierten Urstoffgebilde beginnen sich nun auch mit der neuen zusammengesetzten atomaren Materie abermals zu umkleiden. Sie werden massiver und schwerer, bleiben jedoch immer das lebendige innere urstoffliche Modell mit den in ihnen zum Ausdruck gelangten Grundideen. Sie können sich vermehren und vervielfältigen, aber in ihrem Samen ist die ursprüngliche Grundidee unzerstörbar weiterwirkend und lebendig!

Das ist die Schöpfung eines großen kraftvollen Geistes!

So entsteht kein derartig umfangreiches und harmonisch aufeinander abgestimmtes Werk aus bloßen zufällig aufeinanderwirkenden mechanischen Faktoren. Aus ihm sprechen Geist und Intelligenz eine klare und deutliche Sprache. Geist und Intelligenz aber wirken noch aus jeder Einzelerscheinung lebendig und in originaler Form heraus.

Da man das Vorhandensein einer geistig ausprägbaren Substanz und ihrer gesetzmäßigen Vorgänge nicht einfach übersehen kann, weil sie nachweisbarer und realer Art ist, stehen wir jetzt vor der entscheidenden Tatsache, aus den Gesetzen der geistigen Mechanik die Konsequenzen zu ziehen.

Es ist natürlich, daß solche Erkenntnisse auch in der heute aufgeklärten Zeit manchem ein so grundlegendes Umdenken schwermachen und ihn zu Widerständen reizt.

Als erste unerläßliche Folgerung sehe ich deshalb jetzt die Notwendigkeit, eine Umschaltung des menschlichen Hauptinteresses von äußeren auf innere Vorgänge vorzunehmen und von einem Laien zu einem Praktiker im Umgang mit geistigen Energien zu werden.

Jeder sollte sich mit den Gesetzen der geistigen Mechanik gründlich vertraut machen!

Dann sollte er beginnen, in die bisher unbeachteten und unkontrolliert gebliebenen Kraftpotenzen seines Bewußtseins wieder Ordnung und Harmonie zu bringen und alle ungünstigen Folgen oder Auswirkungen ihrer Rückwirkungen auf die eigene Persönlichkeit zu unterbinden.

Bewußtseinskontrolle ist aber erst von dem Augenblick an möglich, wo seine Einheiten als Urstoffgebilde mit gespeicherten Kraftwirkungen erkannt worden sind. Denn dann müssen sie unter bestimmten Voraussetzungen auch wahrnehmbar und kontrollierbar sein. Erkennbar werden sie z. B. schon durch alle extrem gefühlsmäßigen Begleiterscheinungen, wie innere Wärmestrahlungen oder eisige Kälteschauer. Noch deutlicher aber machen sie sich bemerkbar als mehr oder weniger starke Triebkräfte angesammelter gleichartiger Bewußtseinselemente und dem von ihnen ausgehenden Zwang zur Weiterbetätigung in ihrem Sinne. Nur eine falsche Auffassung behinderte also bis jetzt ihre Kontrolle; nach entsprechender Berichtigung sollte das anders werden.

Alle unsere Geisteserzeugnisse sind mit neutraler Urmaterie verbundene ausgeprägte Energiepotenzen. Wie sie entstanden, wurden sie bisher automatisch dem bereits vorhandenen Bewußtseinsinhalt hinzugefügt. Es glich also mehr oder weniger einem Abstellraum, in welchem sich zwar vieles je nach seinem Gehalt verwandten Kraftbeständen von selbst zuordnete, zugesellte und sie verstärkte.

Der Besitzer hatte es aber unterlassen, sich einen genauen Überblick über seine angesammelten inneren Reichtümer und die darin gespeicherten Kraftwirkungen zu machen. Er hätte sonst erkennen müßen, daß sich darunter zahlreiche Einheiten mit negativen Rückstrahlungen, das heißt, mit hemmenden, beunruhigenden, aufregenden, neutralisierenden, furchterzeugenden, belastenden und schwingungsmäßig recht minderwertigen Objekten befinden, die ihm ständigen Kummer bereiten, alle möglichen unangenehmen Zustände erzeugen und das innere Gleichgewicht, beziehungsweise die innere Harmonie, ständig stören.

Infolge dieser Unterlassung ist ihm gar nicht bewußt geworden, daß er ja selbst der Urheber aller dieser nachteiligen geistigen Fehlkonstruktionen ist und daß die belastenden Einflüsse in seiner eigenen geistigen Werkstatt entstanden.

Können Sie erkennen, wieviel angesammeltes und aufgespeichertes Unheil aus diesem Kraftbehälter kommt? Wie wichtig es ist, darin einmal gründlich aufzuräumen? Alle vorhandenen Plagegeister zu entfernen und eine wohltuende Ordnung herzustellen?

Die feindlichen Kräfte, die uns von anderen entgegengeschickt werden oder von außen auf uns einwirken, sind lange nicht so stark wie der Unrat, den wir oft selbst in uns anhäufen und ohne die Gefahr zu merken, kultivieren. Wir meinen, alles Unglück rühre nur von Ereignissen her! In Wirklichkeit münzen wir diese Ereignisse aber immer erst in eigene angenehme oder unangenehme geistige Kraftwirkungen um! Wer von ihnen keine Notiz nimmt oder ihnen nur geringe Aufmerksamkeit schenkt, erspart sich ihre selbsterzeugten negativen Rückwirkungen ganz oder doch zu einem großen Teil. Wer sie aber ununterbrochen in immer neue und starke Kraftpotenzen ausprägt, kann sogar völlig unter der Last seiner geistigen Produktion zusammenbrechen, auch wenn es sich in Wirklichkeit nur um Lappalien handelt.

Und diese gewaltigen Wirkungen ihrer eigenen geistigen Produkte werden nun von den meisten überhaupt nicht erkannt und nicht beachtet. Sie werden nur in ihren negativen Einflüssen verspürt und als harte Schicksalsschläge registriert. Es ist schon so, daß die Menschen im richtigen Umgang mit ihren geistigen Energien noch sehr viel zu lernen haben.

Es sind aber noch andere Vorgänge, die in eine neue Richtung drängen: Z. B. der Nachweis einer realen geistigen Substanz – der davon abhängige Nachweis einer realen geistigen Persönlichkeit – der weitere Nachweis, daß damit auch eine ganze Welt rein geistiger Erscheinungsformen und Schwingungsebenen existieren muß, ist eine sehr weitreichende Tatsache, die über die engen Grenzen zwischen Geburt und Tod hinausreicht. Sie zwingt alle, auch nach vorgeburtlichen und oft weit zurückreichenden geistigen Kraftrückständen zu suchen und an über das Lebensende hinausgehende Möglichkeiten zu denken.

Rein okkultes und noch in tiefem Dunkel liegendes Gelände betritt der Mensch erst von dem Augenblick an, wo er sich ständig jenen scheinbar naturgesetzmäßig nicht erklärbaren Phänomenen gegenübersieht.

Die Eroberung des Jenseits bietet also allerlei Schwierigkeiten und eine Anzahl von Aufgaben, die der Reihe nach zu lösen sind.

1. Feststellung einer Urmaterie, die auf geistige Energieäußerungen reagiert.
2. Erforschung der Gesetze ihrer Mechanik.
3. Sorgfältige Bewußtseinskontrolle und Übersicht über die bereits vorhandenen Bewußtseinseinheiten.
4. Ordnung und Harmonisierung der vorhandenen inneren Kraftpotenzen.
5. Feststellung alter vorgeburtlicher wirksamer Bewußtseinsbestände und ihrer triebartigen Wirkungen.
6. Überwindung eines planlosen geistigen Produktionszustandes und Beginn einer bewußten und kontrollierten geistigen Praxis.

Ich kann hier bereits erwähnen, daß Sie bis am Schluß so viele neue vertiefte Einblicke bekommen werden, daß sich aus einer allgemeinen geistigen Praxis, das heißt richtiger Produktion vorteilhafter Geisteserzeugnisse, auch die Möglichkeiten für eine geistige Technik ergeben, die Sie befähigen, damit zu wirken.

Das ist ein Ziel, das sicher jedem Menschen Freude bereiten muß.

Wer den Menschen nur als eine körperliche Erscheinung sieht, deren Dasein von Geburt und Tod begrenzt wird, der betrachtet nicht seine geistige Persönlichkeit als den eigentlichen Wesenskern und weiß auch nicht, daß dies ein reales und unzerstörbares Urstoffgebilde ist.

Was er darstellt, ist immer nur von ihm und durch ihn bedingt; es stammt nicht von anderen, sondern andere lieferten höchstens die für seine Weiterentwicklung notwendigen Voraussetzungen. Seine bisherige Entwicklung setzt sich ununterbrochen auf der irdischen Daseinsebene fort.

Was in seiner geistigen Persönlichkeit darum nicht deutlich aus dem gegenwärtigen Daseinsabschnitt stammend nachgewiesen werden kann, muß bereits aus vorangegangenen Epochen herrühren.

Dazu gehören alle jene erkennbaren Anlagen, Neigungen, Interessen oder Talente einschließlich früh sichtbarer Charakterzüge, die schon in jungen Jahren und am auffälligsten bei außergewöhnlich begabten Kindern in Erscheinung treten. Sie lassen immer erkennen, daß sie vorgeburtliche und bereits vorhandene Bestandteile einer Persönlichkeit sind und sich als ausgeprägte geistige Komplexe durchsetzen. Bis zu einem gewissen Grade sind derartige Veranlagungen bei jedem Menschen feststellbar.

Der Eintritt auf die irdische Ebene erfolgt unter grundverschiedenen Bedingungen, oft sogar unter erheblichen Belastungen. Er läßt aber auch sehr bald wesentliche Unterschiede der Entwicklung erkennen. Größere geistige Reife und ausgeprägte Neigungen oder Veranlagungen sind immer Merkmale einer vorangegangenen geistigen Produktion, denn sie entstehen ja nur auf diese Weise, nicht anders.

Diese bereits vorhandenen alten Bewußtseinsbestände dürfen bei einer inneren Inventur nicht übersehen werden, denn in ihnen sind ganz beträchtliche Kraftpotenzen investiert. Aber auch unter ihnen ist durchaus nicht alles Gold, sondern es ist viel mit negativen inneren Kraftwirkungen Belastendes vorhanden.

Die geistige Praxis sieht sich zunächst einmal vor der Notwendigkeit, Entstehung und Ursachen innerer Belastungen neu zu definieren, um sie beseitigen zu können.

Was als Unheil bezeichnet wird und als Unbehagen, Leid oder Unglück gilt, beruht nicht schlechthin nur auf äußeren Ereignissen. Diese schaffen nur bestimmte Tatbestände, jedoch keine inneren Kraftwirkungen. Aber sie reizen zu geistigen Reaktionen, das heißt zur anschließenden Erzeugung von Vorstellungen mit den dazugehörigen Gedanken und Gefühlen und einem entsprechenden Inhalt guter oder schlechter Kraftpotenzen. Sie bringen also den inneren Krafterzeugungs- und Kraftausprägungsvorgang erst in Gang. Äußere Ereignisse sind deshalb nur der Anlasser, welcher den geistigen Kraftmotor in Funktion versetzt. Und erst die verspürbaren Rückwirkungen seiner Tätigkeit auf das eigene ICH, also seine neuerzeugten Bewußtseinseinheiten und Potenzen, sind das, was angenehme oder unangenehme innere Zustände verursacht. Sie können noch lange anhalten, wenn das Ereignis längst vergangen, ja sogar schon vergessen ist.

Alle innerlich verspürten Einwirkungen sind immer nur geistiger Art und stammen aus eigener Produktion! Freude wie Leid sind ja deutlich wahrnehmbare innere Kraftwirkungen! Aufregung und Nervosität oder Ruhelosigkeit ist ein Bewußtseinsinhalt voll beunruhigender Einheiten! Bei Pessimismus ist er eine Sammelstelle negativer, bei Optimismus hingegen positiver Geisteserzeugnisse! Bei Reizbarkeit enthält er viele persönlich aufregende Potenzen! Bei innerer Harmonie und Ruhe wurden diese absichtlich vermieden und unterdrückt. Der Friedfertige kultiviert gerade eine innere Denktätigkeit voll friedlicher Kraftausstrahlungen! Die Gedanken des Habgierigen aber produzieren ständig in Richtung auf Besitzvermehrung! Ein dämonischer Geist wird immer nur in zerstörendem, ein edler Geist hingegen nur in aufbauendem und helfendem Sinne tätig!

Die ganze menschliche Persönlichkeit mit allen ihren inneren Zuständen ist das klare Ergebnis ihrer inneren Energieausprägungen und ihrer selbstgeschaffenen inneren Kraftverhältnisse.

Wer durch die geistige Praxis wieder Herr werden will über sich selbst, wer seine Willensfreiheit nicht durch den vorhandenen Bestand an negativen Krafteinheiten beeinträchtigt sehen will, wer im Gegenteil danach strebt, in sich einen harmonischen, erfreulichen, möglichst sogar glücklichen Zustand herzustellen, kann das immer nur auf dem Wege über innere Kraftwirkungen erreichen!

Die allgemeine geistige Praxis umfaßt somit den richtigen Umgang mit geistigen Energieeinheiten...!

Sie besteht in einer Befreiung des Bewußtseins, das heißt einer Ausmerzung vorhandener belastender innerer Krafteinheiten!

Sie besteht in einer bewußten Vermehrung positiver und erhebend wirkender Geisteserzeugnisse!

Sie besteht in einem planmäßigen Neuaufbau des Bewußtseinsinhaltes unter ständiger Berücksichtigung geistiger Kraftpotenzen!

Alle Bewußtseinstrübungen, Störungen oder Depressionen sind geistige Vorgänge und nur durch richtige geistige Gegenmaßnahmen zu beseitigen!

Darin liegt die fur die Allgemeinheit wichtigste Bedeutung der Wissenschaft vom Geist!

Bitte beachten Sie aber, daß es weniger auf die Quantität als auf die Qualität der erzeugten Geistesprodukte ankommt.

Jeder besitzt einen unerschöpflichen Vorrat an geistigen Energien, die noch völlig neutral sind. Es steht ihm frei, wie oft und in welcher Weise er davon bestimmte Mengen absondert und kraftmäßig ausgestaltet. Seiner schöpferischen Arbeit sind also keine Schranken, sogar nicht einmal besondere Richtlinien gesetzt. Falsch handelt er nur, wenn er von seinen Möglichkeiten einen hemmungslosen und unkontrollierten Gebrauch macht, wie das bei den meisten Menschen der Fall ist.

Es gibt eine Reihe von Tatsachen, die man niemals übersehen sollte. Zum Beispiel die folgenden:

1. Alle geistigen Erzeugnisse bleiben fortan sein ständiges und unverlierbares, ja sogar sein nicht wieder auflösbares Eigentum.
2. Alle darin von ihm ausgeprägten Kraftpotenzen sind lebendiger Geist, der immer in seinem ursprünglich ausgeprägten Sinne wirksam bleibt.
3. Die Schatzkammer seines Bewußtseins ist also voller potenzierter Einzelobjekte, die sich infolge ihrer inneren Spannung betätigen möchten.
4. Als ihr Urheber ist er diesen selbstgeschaffenen Wirkungen ständig ausgesetzt.
5. In diesen ursprünglich völlig neutralen geistigen Energien hat er ja nun ein Stück seines eigenen Wesens und Denkens realisiert und materialisiert.
6. Sein gesamter Bewußtseinsinhalt ist daher ein genaues Spiegelbild seiner ganzen geistigen Persönlichkeit.
7. Alle seine inneren Zustände sind seine eigenen geistigen Tätigkeitsergebnisse. Sie zeigen ihm ihren richtigen oder falschen Gebrauch an, mahnen ihn, geistige Fehlkonstruktionen umgehend zu korrigieren und durch eine ausgewogene geistige Praxis aus sich selbst nicht nur eine quantitativ starke, sondern vor allem

qualitativ hochausstrahlende und harmonische Persönlichkeit zu machen.

Die geistige Praxis braucht solche inneren Spiegelungen für notwendig gewordene Korrekturen. Sie braucht die Erkenntnis, daß Denken die Umwandlung neutraler geistiger Energien in wirkungsvolle Kraftpotenzen bedeutet. Sie braucht die Überzeuung, daß diese ausgeprägten Kraftpotenzen die wichtigsten menschlichen Wesensbestandteile sind und als solche sorgfältige Beachtung erfordern.

Die geheimnisvolle Seele und ihre Bedeutung

Die bisher erläuterten Themen sollten Ihnen bewußt machen, daß Sie ein eigentlicher geistiger Krafterzeuger sind, der durch jeden Denkakt neue Krafteinheiten schafft, sie in seinem Bewußtsein ansammelt, sich durch sie zu einer individuellen Persönlichkeit entwickelt, von ihnen aber auch ständig beeinflußt und sogar gelenkt wird.

Zukünftige Handlungen, Pläne und Entschlüsse werden immer maßgeblich von den bereits vorhandenen Kraftpotenzen bestimmt, ihre Haupttendenzen setzen sich durch und wirken wie ein richtungsweisender innerer Kraftmechanismus.

Dadurch sehen Sie, wie notwendig es ist, sich diesem automatischen Kraftmechanismus nicht einfach zu überlassen, wie das die meisten leider tun, sondern sich ein erstrebenswertes Ziel zu wählen und bewußt darauf zuzusteuern.

Dieses natürliche Ziel kann immer nur ein frohes, friedvolles inneres Glücksgefühl sein! Wer es besitzt, ist beneidenswert; wer es nicht besitzt, ist bedauernswert!

Es ist das natürliche Ergebnis einer geistigen Praxis, die ihre innere Krafterzeugung darauf ausgerichtet hat, alle ihre Bewußtseinseinheiten nur mit diesen erhebenden, beglückenden, friedlichen und innerlich erwärmenden Potenzen auszustatten! Anders ist es nicht zu erlangen!

Mit dieser Einsicht haben Sie eine große Wahrheit entdeckt, die für alle Menschen wichtig, jedoch schwer begreiflich scheint.

Noch immer erscheint problematisch, was ein Weiser schon vor 2000 Jahren in seinen sieben Seligpreisungen formulierte, wie sie in Matth.

5, 3–10 überliefert wurden. Wer seine geistige Produktion nach diesen Gesinnungsgrundlagen ausrichtet, der erfüllt alle Voraussetzungen, glücklich zu werden. Er verwandelt seine geistigen Energien in hohe Kraftschwingungen, erhöht ständig seine geistige Wertzahl und entwickelt sich zu einer Persönlichkeit, die sich an ihrem eigenen gesteigerten inneren Feingehalt und an ihren erwärmenden Kraftausstrahlungen dauernd erfreuen kann.

Worin besteht nun der Unterschied zwischen geistiger Praxis und der bereits erwähnten geistigen Technik?

Die geistige Praxis beinhaltet nur die richtige Handhabung der allen zur Verfügung stehenden geistigen Energien in einer vorteilhaften Weise. Sie ist von allgemeiner Bedeutung und verbindlich für alle, die Denkarbeit leisten.

Die geistige Technik hingegen geht über diesen Rahmen weit hinaus. Sie ist keineswegs für alle bestimmt, denn sie führt zu Leistungen, die das allgemein Notwendige überschreiten, die schon das geistig Mögliche berühren – also paranormale Fähigkeiten und paranormales Können demonstrieren. Dazu aber brauchen Sie eine erheblich vertiefte Erkenntnisgrundlage und eine fortschrittlichere innere Entfaltung.

Diese fortschrittliche Entfaltung aber muß sich auch auf einen wichtigen inneren Wesensteil erstrecken, den die meisten nur dem Namen nach kennen – die Seele!

Über die Existenz einer Seele gehen die Meinungen weit auseinander. – Aber glauben Sie mir, die Seele ist der wichtigste Bestandteil unserer Persönlichkeit. Sie werden diese Tatsache bald selbst erkennen.

Wir wollen doch endlich jene geheimnisvolle Welt erforschen, die eine wesentlich verfeinertere Struktur als die unsrige aufweist und die aus Kombinationen reinen Urstoffs besteht. Sie sind also Verdichtungen ersten Grades, das heißt Verbindungen ausgeprägter geistiger Energieprodukte mit elementarsten stofflichen und noch völlig unbeeinflußten Partikeln – den PSI-Partikeln.

Die Welt aber, in der wir leben und die wir mit unseren körperlichen Sinnen wahrnehmen, besteht aus Atomen, das heißt aus zusammengesetzten Urstoffelementen. Atome sind deshalb bereits Konstruktionen, also nochmalige Verdichtungen zweiten Grades. Darum ist unsere Materie auch viel kompakter, gröber und schwerer.

Um nun diese wesentlich feineren Vorgänge der ersten geistigen Verdichtungen wahrzunehmen, reichen unsere körperlichen Sinnesorgane nicht aus, denn ihr Aufgabengebiet liegt in der zweiten gröberen Daseinsebene. Eben deshalb ist ja die geistige Welt für alle verschlossen, die nur auf ihre körperlichen Sinne angewiesen sind. Wer eigene echte Wahrnehmungen machen will, braucht dazu eine erheblich verfeinerte Apparatur. Diese aber besitzt nur jener menschliche Wesensteil, von dem zwar schon zu allen Zeiten geredet wurde, der aber nie als existent nachgewiesen, in seiner charakteristischen Art beschrieben und vorstellungsmäßig genau erfaßt werden konnte: die menschliche Seele!

Sie ist bei den meisten Menschen noch vollkommen latent, unaktiv und unerweckt – bei denen jedoch, die bereits in irgendeiner Art geistig wahrnehmungsfähig sind, schon im Zustand beginnender Entfaltung.

Diese Erklärungen klingen sicher interessant und vielleicht sogar überzeugend, sie werden Ihnen jedoch kaum genügen, wenn ich nun die Behauptung aufstelle, daß die Seele der Schlüssel zum Zugang in die geistige Welt ist. Wir stehen jedoch erst am Anfang unserer gemeinsamen Erkundungen!

Was die meisten nicht wissen, ist die Tatsache, daß die Seele eine zweite im Menschen vorhandene und voll entwickelte Persönlichkeit ist, die weit überlegenere Kräfte und ein viel weiterreichenderes Wissen besitzt.

Da die Entdeckung und Erforschung der geistigen, jenseitigen Welt nur mittels unserer seelischen Persönlichkeit möglich ist, muß sie zuvor wieder aktiv, einsatzfähig und lebendig gemacht werden, um alle eigenen Wahrnehmungen auch auf sie übertragen zu können.

Was wir also zuerst brauchen, wären seelische Existenznachweise, das heißt überzeugende und gut begründete Beweise für das Vorhandensein einer seelischen Persönlichkeit im Menschen.

1. Da ist zunächst ein 2000 Jahre alter Ausspruch Christi aus einem Gespräch mit Nikodemus (Ev. Joh. 3,3): „Wahrlich, wahrlich ich sage dir; es sei denn, daß jemand von neuem geboren werde, sonst kann er das Reich Gottes nicht sehen!“ Bei genauer Betrachtung

deutet er bereits an, daß in uns etwas erneut lebendig werden muß, damit die Welt des Geistigen erschaut werden kann.

2. Außerdem können wir an unseren Schlafzustand denken, der in dem Augenblick ein ganz anders Gepräge bekommt, wo die geistige Bewußtseinsform passiv wird und abschaltet. Denn dann gibt sie ihr inneres Kraftzentrum frei, zieht sich zurück und ermöglicht einer anderen zweiten Wesensform, wieder lebendig und mitunter sogar sehr rege zu werden, ja nicht selten aufregende Vorgänge plastisch zu erleben.
   Was davon an Traumresten übrig bleibt, sind Zeugnisse davon.
3. Weiter möchte ich auf den Zustand des Schlafwandelns (Somnambulismus) hinweisen. Wiederum bei völlig abgeschaltetem Bewußtsein erhebt sich jemand aus einem Bett und unternimmt Wanderungen, ohne über Hindernisse zu stolpern und hinzufallen oder sich anzustoßen. Oder denken Sie an die Wahrnehmungsmöglichkeiten während einer Narkose. Dafür gibt es genügend praktische und nachweisbare Erlebnisse.
   Es wird also deutlich eine zweite innere Wesensform sichtbar, die völlig selbsttätig wird!
4. Die Hypnose ist z. B. ein weiteres Zeugnis für das Vorhandensein einer zweiten aktiven Persönlichkeit. In diesem Zustand sind Leistungen möglich, die über diejenigen im „Normalzustand" oft weit hinausgehen.
5. Medien, das heißt Vermittler, sind Personen mit einem leicht abschaltbaren Tagesbewußtsein. Genauso wie im Zustand der Hypnose kann sich auch durch die Medialität eine fremde geistige Persönlichkeit äußern.
6. Noch deutlicher und alltäglicher wird die Seele als selbständige und denkende Wesensform erkennbar durch die Stimme unseres sogenannten Gewissens. Hier gibt sie sogar sittliche Werturteile ab, erhebt Einspruch gegen Fehlplanungen, veranlaßt innere Auseinandersetzungen und liefert den Nachweis, daß sie über einen umfassenden eigenen Erkenntnis- und Erfahrungsreichtum verfügen muß, denn sonst wäre sie nicht imstande, Werturteile abzugeben.
7. Und was sind Geistheilungen, die scheinbar allen bekannten Naturgesetzen zuwiderlaufen?

Auch hier handelt es sich immer um Eingriffe der Seele, das heißt um die Anwendung ihrer wesentlich stärkeren und körperlich wirksamen Kräfte. Diese Eingriffe setzen aber immer eine fremdsuggestive oder glaubig-selbsthypnotische seelische Beeinflussung voraus, um wirksam zu werden.

8. Über unglaubliche Fakirleistungen ist schon viel erzählt und geschrieben worden. Selbst hier liegen die Möglichkeiten allein im entdeckten Zugang zur seelischen Bewußtseinsform und in der Zuhilfenahme ihrer Kräfte. Denn wenn es z.B. indischen Bettelmönchen möglich ist, tagelang in total verrenkten Stellungen als Säulenheilige auszuharren oder sich zeitweilig lebendig begraben zu lassen, so ist das wiederum nur über suggestive seelische Beeinflussungen und unter der Mitwirkung dieses inneren Wesensteils durchführbar.
9. Man sollte auch die Tatsache nicht übersehen, daß sich in jedem Menschen früher oder später besonders ausgeprägte Interessen, Neigungen, Talente, praktische, technische, musische oder wissenschaftliche Begabungen zeigen. Sie treten mitunter schon so früh auf, daß es klar ist, daß man sie nicht als irdisch-geistige Entwicklungsvorgänge ansehen kann. Ihre Entstehung muß deshalb vorgeburtlicher Art sein und macht erkennbar, daß die dazugehörenden inneren Kraftbestände bereits aus vorangegangenen Denkprozessen und Daseinsepochen (die nicht allein irdischer Natur sein mußten) herrühren.
10. Am auffallendsten macht sich das bei in sehr frühem Kindesalter durchbrechenden außergewöhnlichen Fähigkeiten bemerkbar. Gerade die bei ihnen ausgeprägt in Erscheinung tretende Kraftrichtung beweist am überzeugendsten, daß die dazu notwendigen Kraftpotenzen, ihre Summierung und ihre Entwicklungsstufe nur aus vorhandenem seelischem Besitz herrühren können.

Besonders der letzte Punkt mag im Gegensatz zur uns bekannten Vererbungslehre stehen. Nach dieser werden oft elterliche Chromosomen und Gene, die als Erbfaktoren angesehen werden, dafür verantwortlich gemacht, während wir ausschließlich von vorgeburtlichen geistigen Entstehungsursachen sprechen.

Hier besteht überhaupt kein Unterschied. Wenn wir die geistige ausgeprägte Substanz als den primären und vorangegangenen Vorgang ansehen, dann sind Chromosomen und Gene nur ihre abermals realisierten sekundären Erscheinungen und ihr Ausdruck in atomarer Materie, in welchen die geistige Grundsubstanz wirksam geworden ist.

(Wäre es anders, hätte zumindest bereits ein Elternteil die gleiche außerordentliche Begabung aufweisen müssen!)

Alle sichtbaren, wahrnehmbaren oder nachweisbaren Formungen unserer Welt der zweiten Verdichtungsstufe auf atomarer Grundlage sind ja nur Nachgestaltungen geistiger Urformen und primärer Entstehungsursachen. Ihnen allein kommt die entscheidende Bedeutung zu. Der Unterschied zwischen der ersten Auffassung und der neuen Erkenntnis vom Primat des Geistes tritt hier klar zutage. Auf die gleichen vorangegangenen geistigen Ursprünge weisen deshalb auch alle besonderen Veranlagungen hin.

Auch diese Einsicht unterstützt die Aussage, daß die Seele als eine zweite deutlich ausgeprägte Persönlichkeit in jedem Menschen anzusehen und damit auch als Urheberin einer ganzen Reihe paranormaler Phänomene zu betrachten ist.

Sie müssen zugeben, daß sich das bisher so unklare Bild der Seele bereits recht eindrucksvoll ergänzte. Sie muß jetzt als eine Gestaltung angesehen werden, die völlig unserer geistigen Wesensform entspricht. Sie weiß ja unseren Körper in ihrem aktiven Zustand, z. B. Schlafwandel, Hypnose, Medialität usw. genau so oder gar noch wirkungsvoller zu regieren, wie es im Wachzustande möglich ist. Sie vermag auch folgerichtig zu denken. Sie besitzt darüber hinaus auch einen ausgeprägten Bewußtseinsinhalt mit deutlich vorentwickelten Kraftrichtungen und großen Erfahrungen. Sie unterscheidet sich jedoch in mancher Hinsicht auch durch ihre andersgearteten und menschlich nicht verständlichen Ziele, zum Beispiel im Traumgeschehen.

Wie kommt es denn, daß wir so wenig von der Existenz dieser zweiten inneren Persönlichkeit wissen, die doch so wertvolle Veranlagungen besitzt und die von großem Nutzen für uns sein könnte, wenn wir mit ihr Verbindung hätten?

Ich deutete schon einmal an, daß dies allein von dem Zugang zur inneren Kraftzentrale – Atemkraftzentrum – abhängt.

Wir besitzen zwei innere, entstehungsmäßig sehr verwandte und gleichartige Persönlichkeiten – eine alte vorgeburtliche seelische und eine neue gegenwärtige geistige Bewußtseinsform. Aber wir haben für beide nur eine einzige gemeinsame Kraftzentrale! Derjenige Wesensteil nun, welcher gerade im Besitz dieses inneren Kraftventils ist und damit auch über den Vorrat an geistigen Energien verfügen kann, ist lebendig, aktiv und arbeitsfähig. Er hat aber zugleich den anderen Teil verdrängt und zwingt ihn dazu, sich passiv zu verhalten. Daher der ständige Wechsel zwischen Tag- und Nachtbewußtsein oder Ober- und Unterbewußtsein oder dem seelischen und dem geistigen Wesensteil.

Selbstverständlich kann man sich auch den Fall vorstellen, daß beide Bewußtseinsformen gleichzeitige Kraftanschlüße hätten, daß sie dann auch gleichzeitig und gemeinsam tätig werden könnten und daß – in diesem besonderen Falle endlich die trennenden Mauern zwischen ihnen fallen müßten.

Das Resultat müßte dann endlich ein bewußter und lebendiger Kontakt zwischen beiden – Seele und Geist – sein und, was noch schöner wäre, zu einer umfassenden und dauernden Zusammenarbeit führen.

Gerade das ist das große Ziel einer echten, auf sorgfätig erforschter Technik beruhenden geistigen Praxis.

Es liegt genau in der angestrebten Richtung, die sich das hohe Ziel gesetzt hat, endlich auch den Zugang zur geistigen Welt zu erobern, um volle Klarheit für ein neues menschliches Entwicklungszeitalter zu erlangen.

Wir können unsere geheimnisvolle seelische Persönlichkeit nur dann kennen und gründlich studieren lernen, wenn nicht eine von beiden immer vollends im Dunkel und in Untätigkeit versinken muß, sobald sich die andere zu regen beginnt. Solange dieser Zustand nicht beseitigt ist, wird es nie zu einer Wiedervereinigung beider menschlicher Wesensteile und damit zu einem neuen größeren, stärkeren und erfahreneren irdischen „Vollmenschen“ kommen.

Diese Überlegungen sollten klarmachen, daß zur Erreichung dieses wichtigen Zieles noch eine ganze Menge neuer Erkenntnisse, neuer Erfahrungen und neuer technischer Anwendungsmöglichkeiten gefunden werden müssen, um die Seele als hochempfindliches Werkzeug für geistige Erscheinungen und Vorgänge voll gebrauchsfähig zu machen.

Die bewußte und unbewußte menschliche Persönlichkeit durch bestimmte Maßnahmen gleichzeitig aktiv zu machen, ist das große Ziel. Es ist der Schlüssel zur Möglichkeit der vollen Nutzung von ASW- und PSI-Energie! Dies muß allerdings auf einem ganz natürlichen, sorgfältig erforschten Wege geschehen und nicht in gewaltsamer Weise erzwungen werden.

Ich betone dies besonders, weil es dazu auch andere gefährliche und gesundheitsschädigende Methoden gibt.

Schon der Genuß von Alkohol gehört dazu! – Alkohol ist ein beliebtes Genußmittel mit der besonderen Eigenschaft, die überlagernde Wesensform – weil letzterer und geistiger Bewußtseinsform ähnlich, wie es beim Schlafzustand geschieht – vom Nervensystem und damit auch von allen körperlichen Bindungen zu lockern. Dadurch wird die darunterliegende seelische Wesensform wieder frei. Deshalb werden bei stärkerem Genuß Zunge und Glieder immer schwerer, lassen sich schlecht regieren und auch der Gang wird taumelnd. Dagegen aber nimmt die geistige Betätigungsmöglichkeit wesentlich zu. Sie wird lebhafter, hemmungsloser und angeregter. Trinker beflügeln also durch den Genuß ihre „geistige" Arbeit und versuchen eingetretene Ermüdungserscheinungen zu überwinden. Gleiche Vorgänge sind auch bei wesentlich schwereren Rauschmitteln zu beobachten.

Das alles sind bereits die Anfänge zu seelischen Kontaktvorgängen. Aber sie gehören eben in die nicht empfehlenswerte Klasse wegen der damit verbundenen körperlichen Vergiftungserscheinungen. Denn als Dauerwirkung verursachen sie eine nervöse Reizbarkeit, eine zunehmende Lockerung vom Nervensystem und Beeinträchtigungen oder gar Lähmungen des Kreislaufes mit den davon abhängigen Folgen.

Neben den Rauschmitteln gibt es aber noch andere, die weit weniger harmlos, ja oft sogar zerstörerisch sind, dennoch aber wegen ihrer weit stärkeren Wirkung seelischer Erweckung immer größere Verbreitung finden, nämlich Rauschgifte wie Opium, Kokain, Morphium, LSD und andere. Auch sie sind Seelenwecker, führen zu besonderen gesuchten seelischen Erlebnissen, und zwar wiederum durch mehr oder weniger tiefe Lockerungen und Verdrängungen der überlagernden geistigen Bewußtseinsform.

Zu den gewaltsamen seelischen Erweckungsmethoden gehören auch ekstatische Tänze fremder Kulturen und andere rituelle Handlungen.

Die besonderen Befähigungen der Seele sind also seit Urzeiten bekannt, und auch heute versucht man sie überall durch die verschiedensten Methoden (Meditation, ASW-Training usw.) zu wecken.

Geist und geistige Energien, die in so vielen Gestaltungen und Kraftwirkungen erkennbar werden, sind eben reale Ausprägungen und Verbindungen mit Urstoff, denn Kraft ohne Stoff ist undenkbar.

Der Nachweis dürfte deshalb in ausreichendem Maße erbracht sein, daß auch die Seele eine ausgeprägte und sogar weit überlegene kraftvolle Persönlichkeit ist. Sie fand bisher nur deshalb so wenig Beachtung, weil sie durch ein aktives Nacheinander nicht gründlich genug beobachtet und erforscht werden konnte.

Erst wenn es gelingt, dieses Nacheinander in ein kontaktmäßiges und verbindendes Nebeneinander umzuwandeln, kann und muß sich dieser unklare Zustand ändern.

Dann aber wird ein großes umwälzendes Ereignis eintreten:

Mit seiner wiedergeborenen und wiederentdeckten Seele wird der Mensch fähig werden, über seinen eng begrenzten irdischen Horizont endlich auch in die geistige Welt hineinzuschauen! Und zusammen mit dem riesigen Erfahrungsschatz seines alten vorgeburtlichen Wesensteils vermag er jetzt weit kraftvoller und zielbewußter seinen eigenen Entwicklungsweg zu gehen, ohne wie bisher immer in tiefer Finsternis umherzutappen!

Dieser große Umwandlungsprozeß kann sofort beginnen! Der seelische Aktivierungs- und Verschmelzungsvorgang ist seit ewigen Zeiten bekannt! Die Geistwissenschaft ist in der Lage, allen Menschen den Weg dazu zu zeigen!

Sie müssen sich nur bereit finden, neue Tatsachen anzuerkennen und die daraus notwendigen Folgerungen zu ziehen! Das ist alles! Dann kann jeder die Eroberung und die Erforschung des metaphysischen Jenseits-Bereiches in Angriff nehmen!

Dieser Weg steht also auch Ihnen, lieber Leser, offen. Aber er ist an eine grundsätzliche und unabweisbare Vorbedingung geknüpft – nämlich an eine unvoreingenommene neutrale, aber aufnahmefähige Haltung!

Sie erhält gerade für alle wissenschaftlich geschulten und gebundenen Menschen eine nicht unbeträchtliche Erschwerung, denn bereits vorhandene stark ausgeprägte Erkenntniskomplexe müssen durch neue ersetzt oder ergänzt werden. Wer nicht dazu bereit ist, alles Dargebotene sehr sorgfältig zu durchdenken und zu überprüfen, kritisch zu durchleuchten und zu beurteilen, vor allem den urstofflichen Charakter und die mechanischen Gesetzmäßigkeiten aller Geisteserzeugnisse, der versperrt sich diesen Weg und den Zugang zu wichtigen grundlegenden Tatsachen seines Daseins. Das darf nicht übersehen werden!

In den folgenden Abschnitten wollen wir uns etwas näher mit der Organisation und der Wesenheit des Menschen befassen.

Seelische Aktivierungsmethode

Es müßte herrlich sein, ähnlich wie ein Seefahrer endlich das ersehnte „Land“ betreten und seine unbekannten Wunder bestaunen zu dürfen!

Vergessen Sie aber nicht, daß auch die Seefahrer stets alle neuentdeckten Gestade recht vorsichtig betraten, weil sie nicht voraussehen konnten, was sie dort erwarten würde. Es könnte doch durchaus möglich sein, daß Sie recht enttäuscht wären über den Empfang, der Ihnen bereitet würde!

Es wäre deshalb keinesweg ratsam, wenn sich der Vorgang eines seelischen Erwachens etwa ganz plötzlich oder doch sehr überraschend vollzöge. Das heißt, wenn der dichte Vorhang zur geistigen Welt und die Übermittlung seelischer Eindrücke mit einem Ruck erfolgen sollten. Ich halte es für bedeutend besser, sich langsam darauf vorzubereiten. Ohne genaue Kenntnisse bergen alle Methoden der seelischen Aktivierung, wie auch die der sogenannten Rückführungen, erhebliche Gefahren!

Zwar wird das Jenseits oft als Paradies voller Ruhe und Frieden geschildert, welches uns endlich die verheißene Glückseligkeit bringen würde. Daß dem jedoch absolut nicht so sein muß, werden wir noch sehen.

In bestimmten Regionen jener Bereiche mag das sicher möglich sein, wenngleich ich mir auch dort ein süßes Nichtstun nicht vorstellen kann, weil es äußerst langweilig sein müßte. Aber bedenken Sie, wieviel von Ihrer erreichten inneren Wertzahl, also von Ihrem inneren Feingehalt, abhängt und daß es je nach Ihrer geistigen Schwingungshöhe zwischen den beiden positiven und negativen Polen menschlichen Denkens eine ganze Menge recht unterschiedlicher Schwingungsebenen geben muß. Die Erdoberfläche ist ja nur deren Projektionsebene. Auf ihr befinden sich nicht nur Menschen aller geistigen Entwicklungsstufen, sondern auch landschaftliche Erscheinungen aus allen ihren Daseinsebenen. Ob die geistige Welt, soweit sie in die irdische Atmosphäre hineinragt, entsprechend unseren recht negativen, feindseligen und gewalttätigen Neigungen für geistig geöffnete Augen einen erfreulichen Anblick bieten würden, bezweifle ich sehr. Darum sagte ich, daß es für alle suchenden Menschen unerläßlich ist, sich zuerst genügend vorzubereiten und sich den Weg in geistige Gefilde mit Hilfe ihrer Seelen nur langsam und ohne jede Überstürzung zu bahnen.

Ein zu rasches Öffnen des geistigen Vorhangs kann also unter Umständen recht nachteilig sein und sich in Erschrecken oder sogar Hilflosigkeit verwandeln.

Für die seelische Aktivierung empfehle ich aus diesem Grunde zuerst die am nächsten liegende, einfache Beobachtungsmethode. Sie geht von der Tatsache aus, daß in jedem Menschen außer seiner ihm wohlbekannten geistigen Bewußtseinsform noch eine zweite unbewußte seelische Persönlichkeit existiert.

Dieses Wissen ist unbedingt notwenig, denn es führt dazu, dieser eigenen seelischen Persönlichkeit viel intensiver als bisher nachzuspüren, sie in ihren Regungen und Verhaltensweisen unentwegt und aufmerksam zu beobachten, auf kleine Anzeichen – meist als unwillkürlich empfundene Bewegungen, ohne Willensäußerungen – zu achten und ihr Vorhandensein langsam aber sicher (und vor allem bewußt!) zu erfühlen.

Wer nichts von ihr weiß, achtet nicht darauf, verspürt deshalb auch nicht, wie sie ganz mechanisch mit uns geht oder steht, wie alles, was unsererseits nahezu völlig gedankenlos geschieht, ihr Werk ist und wie mancher plötzlich erleuchtende Gedanke von ihr stammt!

Das Wissen von ihrem Vorhandensein ist der erste, die sorgfältige Beobachtung bis zu ihrer Entdeckung der zweite und endlich ihre kontaktmäßige und bewußte Wahrnehmung der dritte Schritt – bis es dann schließlich möglich wird, sie in sich ganz zu empfinden und gemeinsam mit ihr zu arbeiten.

Jeder, der viele geistige Experimente und Erlebnisse hinter sich hat, um für seine Aussagen überzeugende Begründungen zu finden und sich einen geraden Weg durch das Dunkel paranormaler Geheimnisse zu bahnen, versteht das Zögern anderer. Kritiker und Zweifler sind mir in diesem Fall lieber als Leichtgläubige.

Dennoch sollten Sie mit diesem ersten, vielleicht noch als primitiv zu bezeichnenden Schritt beginnen. Es handelt sich dabei ja um unmittelbare Wahrnehmungen, also um reale Prüfungsmöglichkeiten, welche einem bloßen Glauben unbeweisbarer Behauptungen (z.B. viele Religionslehren) turmhoch überlegen sind. Weitere und genauere technische Hinweise werden Sie noch erhalten.

Neben dieser ersten und an sich einfachen Methode zur Durchführung seelischer Aktivierung auf ganz natürliche Weise gibt es aber noch andere. Eine der erfolgreichsten ist diejenige, die ich als seelische Ansprechmethode bezeichnen möchte und die ich selbst mit großem Erfolg erprobte. Ich verdanke ihr viele praktische Erlebnisse und Erfahrungen.

Die Bezeichnung „seelische Ansprechmethode" sagt bereits aus, was damit gemeint ist: Du sollst deine Seele ansprechen!

Dies erreichst du nicht, indem du nur einschlägige Kurse besuchst oder Bücher liest, denn so wird man oft nur zu einem reinen Konsumenten, der vielfach ohne große Kritik annimmt oder ablehnt. Außerdem wirst du ständig durch die Überzeugungen einzelner oder entsprechender Organisationen beeinflußt und geprägt. Deine Seele ist jedoch eine absolut selbständige Persönlichkeit und fähig, sich selbst auszudrücken. Aus diesem Grunde sollte sie ihrer Individualität entsprechend auch zu selbständiger Tätigkeit animiert werden.

Dies geschieht am besten in einer kleineren oder größeren Gruppe gleichgesinnter Menschen, die sich möglichst regelmäßig zu intensiver Beschäftigung mit geistigen Problemen zusammenfinden. Die Betätigungsmöglichkeiten in einer solchen Forschungsgruppe sind äußerst vielfältig, doch sollte jeder ohne Ausnahme zu geistiger Mitarbeit bereit sein. Jeder fühlt sich so genötigt, selbst gründliche Überlegungen anzustellen und auf diese Weise seine eigenen geistigen Energien in Kraftpotenzen auszuprägen mit einem betont gefühlsmäßigen und daher seelisch ansprechenden Gehalt.

Jede Diskussion über geistige Probleme läßt die alte geistig überlagerte Seele „aufhorchen", denn es sind ja ihre Fragen, ihre Angelegenheiten und ihre Verhältnisse, die erörtert werden und über die sie am besten Bescheid weiß. Sie beginnt sich deshalb unter ihrer geistigen Überlagerung wieder zu regen und aktiv (oder wiedergeboren) zu werden.

Sie entfaltet sich um so schneller, je bewußter die Arbeit der Gruppe nicht ausschließlich nur in rein verstandesmäßiger Weise durchgeführt, sondern wenn bewußt auch auf seelische und gefühlsmäßige Gestaltung (z. B. Malen und Zeichnen in seelisch aktiviertem Zustand) und Entfaltung Wert gelegt wird. Zwangsläufig muß es dann früher oder später bei allen Teilnehmern zu einem Wiedererwachen der alten vorgeburtlichen seelischen Persönlichkeit kommen. (Ein Mann, der nachweisbar nie tschechisch sprechen oder schreiben konnte, beherrschte diese Sprache plötzlich und konnte sich problemlos ausdrücken.)

Je stärker sie sich wieder realisiert, um so umfassender läßt sie ihre alten Daseinserfahrungen erkennbar werden. Die ihr eigenen Fähigkeiten der Wahrnehmung von geistigen Schwingungen werden lebendig und machen sich als Ausdruck paranomaler Fähigkeiten wie Hellsehen, Hellhören, Telepathie und Gedankenempfindungen bemerkbar.

Diese Methode benötigt natürlich auch entsprechend Zeit, bis Resultate erzielt werden, da es sich um einen längerdauernden Entwicklungsprozeß handelt. Geduld und Ausdauer sind deshalb Voraussetzung.

Noch genauere Erkenntnisse und Forschungsmöglichkeiten verdanke ich aber einer dritten nicht alltäglichen seelischen Aktivierungsmethode: Sie hatte einen wesentlich anderen, oft fast gewaltsamen und gefährlichen Charakter, denn sie kam aus der geistigen Welt selber, und zwar aus dem negativen Wirkungsprinzip oder – einfacher ausgedrückt – von der Dämonie, den langwelligen negativen Schwingungsbereichen, über deren Entstehung wir bereits sprachen.

Was ich hier erlebte, war weit instruktiver, praktischer und technisch vollkommener, denn es brachte mich in unmittelbare Berührung mit jenen Kräften und ihren Urhebern, die das negative Prinzip in reinster Form vertreten. Aber es brachte mich auch in größte Verlegenheit und Schwierigkeiten.

Diesen Vorgängen verdanke ich meine tiefsten und nachhaltigsten Eindrücke, und dafür bin ich besonders dankbar. Es entwickelten sich daraus langanhaltende Auseinandersetzungen, also fortlaufende praktische Erlebnisketten, Demonstrationen geistiger Kraftvorgänge unbekannter Art und ein Zwang, alles gründlich zu beobachten und zu analysieren, um die geistigen Waffen für meine Gegenwehr und meine Befreiung zu entdecken.

Wer gezwungen ist, die Wirkungen des negativen Prinzips (der Dämonie) zu erfahren, dem fehlt es nicht an Gelegenheiten, alle Vorgänge und Phänomene, die es im Geistigen gibt, genau kennenzulernen. Er ist der Notwendigkeit enthoben, sie nur aus der Ferne und als reiner Beobachter anderer unmittelbar Beteiligter zu überprüfen.

Vielmehr hat er die seltene Möglichkeit zu dauernden Selbsterlebnissen, Experimenten, praktischen Untersuchungen und Wirkungskontrollen am eigenen Leibe, so daß es ihm möglich wird, die ganze Wissenschaft okkulter Phänomene bis auf den Grund zu studieren, das heißt, sie von ihren kleisten geistigen Krafteinheiten bis zu ihren großen geschlossenen Zusammenhängen zu erkennen. Und durch die ständigen Einwirkungen, denen er dabei persönlich ausgesetzt ist, entdeckt er endlich auch die technischen Maßnahmen, die gegen ihn zur Anwendung gelangen. Damit aber beginnt er zunehmend, selbst ein geistiger Techniker zu werden und sich mit entsprechenden geistigen Gegenmaßnahmen zu wehren.

Sie werden sich nun fragen, wie ich in eine derartige Situation geraten konnte und vor allem – wie sie sich auswirkte.

Das habe ich mich anfänglich selbst immer wieder gefragt. Meine Lebensweise und mein moralisches Verhalten waren nicht so, daß sich der „Teufel" dafür interessieren konnte. In unserer Gemeinschaft legten wir großen Wert auf ein herzliches und hilfsbereites Verhalten. Die wirklichen Gründe wurden mit erst klar, als ich begann, meine bisherigen Forschungsergebnisse schriftlich festzuhalten. Denn da bemerkte ich plötzlich, wie sich unbekannte Kräfte bemühten, mein Vorhaben zu verhindern. Ich hatte plötzlich Mühe, mich zu konzentrieren und machte beim Schreiben einen Fehler nach dem anderen; etwas völlig Anormales, da ich mir einbilde, ein gebildeter Mensch und routinierter Schreiber zu sein.

Daraus war unschwer zu erkennen, daß meinen unsichtbaren Widersachern die Verbreitung meiner Erkenntnisse unangenehm war. Daß sie im irdischen Bereich die Verbreitung aufklärender geistwissenschaftlicher Ergebnisse zu verhindern suchten, daß sie darin eine Bedrohung ihrer eigenen Existenzgrundlage sahen. Oder finden Sie eine bessere Erklärung?

Die Frage nach diesen unbekannten geistigen Kräften beschäftigte mich lange. Meine eigene seelische Persönlichkeit konnte es nicht sein, denn sie trieb mich ja selbst zu der Niederschrift. Daraus folgerte ich, daß es sich nur um Bewohner der geistigen Welt handeln konnte, denen meine Tätigkeit mißfiel und die deshalb gewaltsame Behinderungsversuche unternahmen.

Fest stand nur, daß ich plötzlich ganz ohne mein Zutun unmittelbare Kontakte mit der geistigen Welt gefunden hatte – allerdings sehr unwillkommene. Denn als ich nicht nachließ, meine Notizen zu vervollständigen, da brach auf einmal um mich eine wahre Hölle los.

Ich fühlte mich plötzlich von so starken negativen geistigen Schwingungen umgeben, ja förmlich durchdrungen, daß ich keine eigenen Gedanken mehr fassen konnte, daß sich alles in mir sträubte, daß in mir auf einmal fremde Stimmen aufklangen, daß sich negativste Vorstellungsketten in meinem Gehirn entwickelten und daß versucht wurde, mich in abgrundtiefen Schrecken zu versetzen. Ich befand mich mitten in einer Fülle geistiger Phänomene negativster Art.

Ich dachte bereits an geistige Erkrankung, Bewußtseinsspaltung oder dergleichen.

Bald wurde mir aber klar, daß es bewußte Versuche sein mußten, mich so stark unter Druck zu setzen, um meine schriftlichen Arbeiten völlig zu unterbrechen. Denn alle diese Angriffe trugen den Stempel des Bedrohlichen. Sie zeigten immer wieder an, daß ich unaufhörlich beobachtet und verfolgt würde, daß ich nicht entrinnen könne und daß ich keine Ruhe mehr finden würde.

Das erste, was also hier schon erkennbar wurde, war: Es gibt ungeheuer starke geistige Kraftwirkungen, gegen die man sich kaum wehren kann, besonders dann, wenn man sie nicht kennt und nicht weiß, was dagegen zu tun ist.

Glauben Sie mir – das war ein sehr wichtiger und notwendiger Anfang für einen Menschen wie mich, der wohl in der Theorie des Geistigen einige Erfahrungen besaß, nicht aber in der Praxis! Ich begriff zwar nicht gleich, doch sehr bald, daß ich jetzt eine großartige Gelegenheit besaß, wie in einer Spezialschulung unerhörte Dinge kennenzulernen. Ich müsse nur alle Vorgänge sorgfältig beobachten und untersuchen.

Es war oft sehr schwer zu ertragen, denn es handelte sich ja nicht um bloße Beeinflussungsversuche, sondern um direkte geistige Vergewaltigungsabsichten. Dennoch fühlte ich mich sozusagen als Student einer neuen Wissenschaft über geistige Energiewirkungen mit dem Auftrag, das als Verpflichtung zu betrachten, veranlaßt, auszuharren.

Meine unsichtbaren Gegner zeigten mir bald einmal, daß sie diese Kraftwirkungen nicht nur in sich selbst entwickelten, sondern sie auch auf andere vorstellungsmäßig, gedanklich und gefühlsmäßig zu übertragen vermochten.

Wie sie das bewerkstelligten, war noch nicht zu erkennen. Aber mit meinem nunmehr stark auf alle inneren Vorgänge konzentrierten geistigen Blickpunkt blieb ich allen ihren Manipulationen dauernd auf der Spur, denn ich hatte das große Glück, mein eigenes Beobachtungsobjekt zu sein.

Das anfängliche Angstgefühl verwandelte sich in dem Augenblick in Freude, als ich immer tiefere Einblicke bekam und sogar großartige Entdeckungen machen konnte. Alle Einzelheiten kann ich natürlich in diesem Rahmen nicht beschreiben. Ich muß mich auf das Notwendigste beschränken, soweit es zum besseren Verständnis der kommenden technischen Anleitungen wichtig ist.

Das ganze Problem meiner geistigen Vergewaltigung lief schließlich auf die Frage hinaus, wie es meine unsichtbaren Gegner anstellten, sich in mir ständig bemerkbar zu machen und mich mit ihren negativen Geisteserzeugnissen förmlich zu überschwemmen. Zur Lösung dieser Frage brauchte ich lange, bis ich völlige Klarheit erhielt.

Die nächste Erkenntnis war, daß sie gar nicht unmittelbar und persönlich anwesend sein mußten, sondern imstande waren, ihr eigenes ICH, das heißt ihre inneren geistigen Kraftimpulse, auszustrahlen und sie mit meinem Kraftzentrum zu vereinigen und dadurch ihre negativen Schwingungsfrequenzen in mir fühlbar werden zu lassen und mit der Produktion negativer Vorstellungen zu beginnen.

Das war eine ganz große und bedeutungsvolle Einsicht, die schon die Grundzüge einer besonderen geistigen Technik enthüllte und mir die Methode ihrer Manipulationen offenbarte.

Das ICH ist der wesentlichste Bestandteil des Menschen, das heißt, sein eigentlicher Ursprung. Es stellt die stoffliche reale Zentrale für seine vorhandene Intelligenz und die damit verbundene Geisteskraft dar. Die alte Seele und die neue Bewußtseinsform geistiger Art sind erst daraus entstandene Abwandlungen. Daher ist das ICH als besondere innere Substanz auch aussendbar und übertragbar, kann somit auch außerhalb der eigenen Persönlichkeit wirksam werden.

Diese Erklärung gehört zu den wichtigsten Phänomenen, die ich in diesem seltsamen „Lehrgang" entdeckte. Meine Bedränger waren natürlich nicht so freundlich, mir das alles eingehend zu erläutern. Jede neue Erkenntnis mußte ich ihnen förmlich abringen. Da sie aber ständig mit mir herumexperimentierten, ergab es sich von selbst, daß ich nach und nach hinter alle ihre technischen Manipulationen kam. Ganz unbeabsichtigt wurden sie auf diese merkwürdige Art zu meinen Lehrern. Ihre täglichen und nächtlichen Demonstrationen stellten mich immer wieder vor neue Aufgaben und neue Lösungen. Dadurch wurde ich mit der Zeit immer übermütiger. Mein anfängliches Angstgefühl schwand mehr und mehr und schließlich begann ich sogar, mich in spöttischer Weise für jede neue Erkenntnis bei ihnen zu bedanken.

Wenn man ernsthaft darüber nachdenkt, entbehren diese Enthüllungen über das negative Wirkungsprinzip nicht der Sachlichkeit.

Gerade das ICH zusammen mit der Seele wird in der kommenden Praxis und Technik eine große Rolle spielen.

Um kurz den weiteren Verlauf dieser gewaltsamen seelischen Aktivierungsmethode zu schildern, füge ich nur noch folgende Ausführungen hinzu.

Sehr bald wurde klar, daß die fatalen Angriffe gar nicht im eigentlichen Sinne meiner jungen geistigen Wesensform, sondern im Gegenteil nur meiner alten seelischen Persönlichkeit galten. Immer wieder will der „Teufel" nur die „alten ewigen Seelen" haben, wie es schon in Goethes Faust beschrieben wird.

Gerade diese unaufhörlichen Manipulationen um sie aber weckten meine Seele sehr schnell völlig auf. Bald konnte ich sie in mir auch tagsüber deutlich erfühlen und kam jetzt mit ihr in ein bewußtes Nebeneinander. Wir waren beide Leidensgenossen, und diese Tatsache führte zu einer starken und innigen Verbindung. Wir verschmolzen wieder zu einer einzigen Persönlichkeit. Und als dies geschehen war, zeigte sie mir aufgrund ihrer uralten Daseinserfahrungen schließlich die Möglichkeiten zu meiner völligen Befreiung.

Vielleicht werden Sie diese Schilderungen für unglaublich ansehen, doch wenn Sie in den vorangegangenen Erklärungen den zusammenhängenden und folgerichtigen Verlauf erkannt haben, wird auch Ihr Urteil entsprechend anders ausfallen.

Meine Seele machte mich darauf aufmerksam, einmal die Kraftausstrahlungen näher zu untersuchen, welche auf mich eingestrahlt wurden. Ich tat es und merkte bald, daß sie kalt, finster und bedrückend waren und ausschließlich negative Geisteserzeugnisse enthielten. Metaphysisch gesehen mußten sie also noch unter der Wärme- und Lichtschwingung liegen, also Langwellen sein.

Immer wieder kam auch der Augenblick, wo der dämonische Ansturm so heftig wurde, daß es für mich nur noch einen einzigen Ausweg gab; nämlich mich hilfesuchend an höhere und höchste Regionen der geistigen Welt zu wenden und von dort Hilfe zu erbitten.

Und gerade dann erlebte ich die größten und überzeugendsten Eindrücke. Sofort begannen mich helle, beruhigende, leichte und innerlich erwärmend wirkende Schwingungen zu durchfluten und verdrängten mit spielender Leichtigkeit alle negativen Druckwellen.

In diesen herrlichen Augenblicken geistiger Hilfe erlebte ich zum erstenmal eine unmittelbare Begegnung mit der christlichen Religion und ihrem Wahrheitsgehalt. Bisher hatte ich bei meinen Forschungen kaum daran gedacht. Mehr noch: Ich sah, daß es auch eine hohe geistige Welt gab!

Ich sah weiter, daß ihre geistigen Erzeugnisse und Kraftstrahlungen hochschwingende Mittel- und Kurzwellen darstellten.

Ich erkannte, daß diese die wunderbare Fähigkeit entwickelten, alle negativen geistigen Langwellen niederer Denkungsart sofort vollständig zu zerstören und absolut unwirksam zu machen.

Ich bemerkte, daß sie eine innere Wärme entwickelten und wunderbar beruhigend wirkten.

Ich sah auch, daß das hohe geistige Prinzip dem dämonischen durch diese auffälligen geistigen Kraftwirkungen turmhoch überlegen war.

Endlich erkannte ich auch, daß man sich auf der Ebene geistiger Kraftwirkungen nie mit körperlichen Kräften, sondern nur mit geistigen, schwingungsmäßig aber ganz entgegengesetzten Energieprodukten wehren konnte.

In diesem Augenblick wurde ich selbst zu einem Techniker des Geistigen und begann mich bei jedem Angriff der geistigen Unterwelt mit hochschwingenden Geisteserzeugnissen wirkungsvoll und erfolgreich zu wehren – und seither bin ich frei. Seither verspüre ich wohl noch hin und wieder kleine unbedeutende Störungsversuche, die ich aber immer leicht und lachend abzuwehren vermag.

Können Sie verstehen, daß ich von der stofflichen Realität aller Geisteserzeugnisse und Geisteserscheinungen so überzeugt sein muß? Ich habe ja ihre Kraftwirkungen in beiden Richtungen gründlich verspürt.

Seither schenke ich allen geistigen Vorgängen größte Beachtung. Ich beachte meine geistige Technik und meine geistige Produktion, kenne meine innere Organisation wesentlich genauer als zuvor, verfüge über wichtige Kenntnisse im richtigen Gebrauch geistiger Energien, achte sehr auf meine innere Wertzahl und sehe die Wissenschaft des Geistigen als eine vollkommene Einheit, den guten Gebrauch seiner Energien aber als das wichtigste menschliche Geheimnis an.

Hier kam es mir nur darauf an, Ihnen zu den beschriebenen Methoden seelischer Aktivierung auch diese gewaltsame Art zu schildern, damit Sie auch über diese absolut reale Möglichkeit informiert sind.

Sie soll nur ein einzelner, jedoch wichtiger Lehrfall sein, der Klarheit schafft und vorwärts hilft.

Nach den vorangegangenen Erlebnissen habe ich es nun als besondere Aufgabe angesehen, daraus eine ganz natürliche und gefahrlose technische Methode seelischer Entfaltung zu entwickeln, damit das neue Zeitalter der Menschheit jetzt mit aktivierten und wiedergeborenen Seelen beginnen kann.

Geistig-seelische Durchleuchtung

Als Ergebnis meiner bisherigen Untersuchungen hat sich allmählich immer deutlicher die Aufgabe herausgebildet, die nur im Unbewußten arbeitende seelische Persönlichkeit zu wecken und voll arbeitsfähig zu machen.

Nachdem ich die Tatsache erkannte, daß alles Geistige aus realen Urstoffgebilden bestehen muß, sind ja zwei so kraftvoll wirkende Wesensformen wie die geistige und die seelische als ausgeprägte Persönlichkeiten anzusprechen. Sie müssen deshalb echte wahrnehmungsfähige Erscheinungen sein, die für ihre Tätigkeit innerlich und äußerlich entsprechend ausgestattet wurden.

Wir müssen also zuerst versuchen, uns von beiden ein Bild zu machen, das heißt, unsere geistige und seelische Persönlichkeit sorgfältig zu eruieren und zu durchleuchten.

Mit hellsichtigen Augen gesehen, sind sie sicherlich das genaue Ebenbild unserer körperlichen Erscheinung und entsprechen ihr in allen Einzelheiten, denn gerade nach den inneren verfeinerten Urformen haben sich auch die äußeren modellmäßig gestaltet.

Aber diese Frage hat für unsere Überlegungen keine besondere Bedeutung. Viel wichtiger ist es, sie in ihren wirkungsfähigen Funktionen und in ihrem arbeitsfähigen Einsatz kennenzulernen, also in ihren inneren Zuständen.

Wichtig scheint die Tatsache, daß sie unzweifelhaft eine einheitlich denkende und handelnde Hauptzentrale besitzen müssen.

Diese Hauptzentrale ist eben die geistige Grundsubstanz jeder Persönlichkeit oder das UR-ICH. Sie enthält alles, was zur geistigen Betätigungsmöglichkeit gehört, das heißt, was überhaupt notwendig ist, um zu leben, sich lebendig zu verhalten und geistig arbeiten zu können. Das UR-ICH umschließt also die allgemeinen Existenzgrundlagen jeder Persönlichkeit.

Dazu ist in erster Linie ein Intelligenzzentrum notwendig, das über Wahrnehmungsfähigkeit, Unterscheidungs-, Vergleichs- und Kombinationsvermögen, über Einsicht, Erkenntnis, Logik und Konstruktionssinn verfügt, somit über das, was zum Begriff des Denkens gehört. Es schließt die Befähigung ein, alle gemachten Wahrnehmungen geistig zu verarbeiten und praktisch zu verwerten.

Aber es bliebe bedeutungslos und wirkungsunfähig, wäre es nicht gleichzeitig mit einem geistigen Energiezentrum gekoppelt, das ihm für seine Tätigkeit die erforderliche Arbeitskraft liefert.

Gerade diese noch völlig neutrale, jedoch nach allen Richtungen hin gestaltungsfähige geistige Energie bietet ihm ja die Möglichkeit, seine Vorstellungen, Gedanken und Gefühle durch Einwirkung auf die darauf sofort reagierende neutrale Urmaterie zu realisieren und in gesonderte geistige Objekte zu verwandeln.

Darüberhinaus liefert sie ihm auch die Möglichkeit, eigene und bewußt ausgeprägte geistige Kraftpotenzen darin zu lebendigen, dauerwirksamen Kraftbeständen auszuformen, sich also schöpferisch zu betätigen. Die innere menschliche Hauptzentrale oder das UR-ICH, müßte sich demnach aus zwei Grundbestandteilen zusammensetzen, nämlich:

1. aus einem Intelligenzzentrum,
2. aus einem geistigen Energie- und Kraftzentrum.

Beide zusammen liefern erst die allgemeine Existenz- und Betätigungsgrundlage für alle sich daraus entwickelnden Lebensformen. Sie sind deshalb der Ausgangspunkt alles Lebendigen.

Diese neue Einsicht wird erst durch folgende Überlegungen interessant, was daraus im Laufe der Zeit in bezug auf den Menschen entstand.

Im Uranfang muß er ja selbst einmal eine geistig ausgeprägte Vorstellungsidee gewesen sein, denn sonst hätte in ihm kein so kraftvolles und intelligentes UR-ICH wirksam werden können, das nach Betätigung drängt. Ebenso wie unsere eigenen Geisteserzeugnisse entsteht jedes geistige ICH immer nur durch geistige Einwirkungen und Ausprägungen einer anderen übergeordneten Persönlichkeit.

Versuchen wir doch einmal beide Vorgänge zu vergleichen und zu rekonstruieren:

1. Sobald wir geistig tätig werden, formen wir in unseren Geisteserzeugnissen unsere Ideen gestaltungs- und inhaltsmäßig aus, das heißt, wir realisieren sie vorstellungsmäßig und durchtränken sie gleichzeitig mit den dazugehörigen Gedanken und Gefühlen. Daraus entsteht dann ein reales geistiges Objekt, dessen gedanklicher Energiegehalt darin lebendig und wirksam bleibt und das richtungsbestimmende ICH darstellt.
   Wir haben also aus unserer vorhandenen Energiefülle einen kleinen Bestandteil abgezweigt und ihn in einer von uns beabsichtigten Weise lebenswirksam gemacht. Er ist nun ein von uns erschaffenes, mit unserem Geist belebtes, von uns abhängiges Wesen geistiger Art geworden.
2. Da alles von Geist und geistigen Energien Erfülltes nur in gleicher Weise entsteht, wird als vorangegangener Parallelvorgang sichtbar, daß auch wir Menschen und alle übrigen Träger von Lebensfunktionen keinen anderen Ursprung haben können als diesen.
   Eine große geistige Persönlichkeit – Gott – hat in uns seine schöpferischen Ideen vorstellungsmäßig und gedankenmäßig als unser richtungsbestimmendes UR-ICH in Verbindung mit neutraler Urmaterie realisiert. Wir sind, was es beinhaltet und wozu uns elementare göttliche Grundgedanken veranlassen.

Dadurch erhielten wir einmal gleichzeitig mit unserem UR-ICH seine beiden wichtigsten Bestandteile, nämlich das in uns wirksame Intelligenzzentrum und das damit gekoppelte geistige Energie- und Kraftzentrum, somit alle unsere allgemeinen Existenz- und Entfaltungsgrundlagen, beziehungsweise unsere Daseinsrichtlinien. Ihr geistiger Inhalt vorstellungsmäßiger, gedanklicher und gefühlsmäßiger Art bildet in unserem UR-ICH fest ausgeprägte und ständig wirksam bleibende Kraftpotenzen, nach denen sich unser Dasein programmäßig entfalten muß.
Trotzdem muß darin auch die Grundidee enthalten sein, nach freiem Willen und nach Maßgabe unserer Erkenntnis unseren Weg in die Welt des Geistigen selbst wählen zu dürfen, denn für alles Lebendige sind Entwicklungsmöglichkeiten gegeben. Diese aber

hängen von der gesinnungsmäßigen Verwendung unserer eigenen neutralen geistigen Energien ab.

Aus ihnen prägen wir unsere geistigen Erzeugnisse, machen daraus schwingungsmäßig unterschiedliche Kraftpotenzen, sammeln sie als geistige Einheiten in unserem Bewußtsein, bilden aus ihrer Quersumme unsere durchschnittliche innere Wertzahl und ordnen uns je nach ihrer Frequenz automatisch in die verschiedenen Daseinsebenen der geistigen Welt ein. Durch entsprechende Schwingungsverbesserungen, beziehungsweise -verschlechterungen, haben wir es in unserer Hand, entweder zu steigen oder zu fallen. Die uns von einer großen schöpferischen Persönlichkeit zugewiesenen und in unserem UR-Ich ausgeprägten Daseinsrichtlinien verbinden uns dauernd mit ihrem Urheber und halten uns ständig in Abhängigkeit von ihm.

Damit wissen Sie aber immer noch nicht, wo Sie zu suchen haben, um mit ihnen Kontakt aufzunehmen und arbeiten zu können. Irgendwo müssen sie im Körper ja ihren festen Standort haben.

Es ist nicht allzu schwer, genau festzustellen, wo sich unsere geistigen Hauptfunktionen vollziehen. Allerdings ist es nicht das Gehirn, entgegen der allgemeinen Meinung.

Intelligenz und Kraft müssen unmittelbar vereinigt sein, um wirken zu können. Die menschliche Kraft ist nun deutlich im Brustraum verspürbar. Nahezu rund wie alle großen und kleinen Energiezentren im All von den Sonnen bis zu glühenden Funken arbeitet der Herzmuskel ununterbrochen und setzt Blut- und Lymphströmungen in ständige Bewegung. Außerdem liegt hier auch die starke Kraftquelle für die ununterbrochene Funktion aller Atemimpulse. Genau so wichtig ist die gute Verbindung zu den Hauptsträngen des Nervensystems, denn das UR-ICH ist nicht nur selbst sehr beweglich, sondern muß seine zahlreichen geistigen Impulse und Willensäußerungen unmittelbar dem allgemeinen Leitungsnetz zuführen können.

Alle diese Anzeichen deuten darauf hin, daß der eigentliche Standort unserer Hauptzentrale nur im Brustraum, beziehungsweise in der Herzgegend liegt.

Wenn Sie Ihre Gefühle wie Angst, Freude, Mitleid oder Haß genau verfolgen, merken Sie, daß diese sich nie im Kopf (Gehirn) sondern stets im Brustraum bemerkbar machen, auch wenn man bei geistiger Arbeit immer als von Kopfarbeit spricht.

Schon in kurzer Zeit werden Sie feststellen, daß die gesamte Denktätigkeit durchaus nicht vom Kopf ausgehen muß und als reine Gehirnleistung anzusprechen ist. Schon bald werden wir das weit ergiebigere Herzdenken üben.

Stellen wir aber vorerst fest, wie nun aus unserem UR-Ich sich die beiden inneren Bewußtseinsformen, die seelische und die geistige, entwickelt haben können.

Der Vorgang ist gut zu rekonstruieren.

An unseren inneren unsichtbaren Persönlichkeiten haben wir bisher unsere innere Hauptzentrale im Brustraum erkannt. Es ist das UR-ICH, angefüllt mit den ausgeprägten Ideen und Kraftpotenzen unseres Schöpfers, die als ständig weiterwirkende innere Richtlinien unseres Daseins unsere Möglichkeiten und unsere Aufgaben bestimmen. Zeichnerisch dargestellt würde sich folgendes Bild unserer inneren Persönlichkeit ergeben:

Das UR–ICH

Denkergebnis einer übergeordneten göttlichen Persönlichkeit.
Bestehend aus Intelligenzzentrum und geistigem Energie-Kraftzentrum.
Alle schöpferischen Gedanken sind fortwirkende geistige Kraftpotenzen und bestimmen die Daseins-Richtlinien.

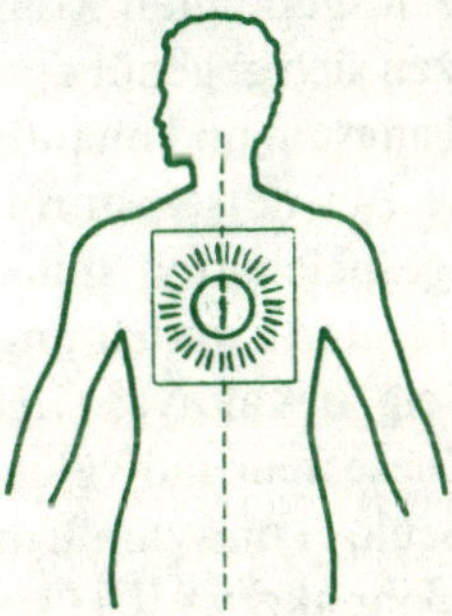

Es ist Ausgangspunkt aller körperlichen und geistigen Funktionen. (Rückenansicht mit Wirbelsäule; gestrichelte Linie.)

Das Vorstellungsbild der inneren Persönlichkeit ist zu vervollständigen durch die Sinne als Wahrnehmungsorgane und durch die Muskulatur zur Durchführung von Bewegungen und Tätigkeiten.

Von diesen Gegebenheiten aus, einschließlich einer schönen landschaftlichen Umgebung, wollen wir nun versuchen, uns den Entwicklungsgang einer menschlichen UR-FORM vorzustellen, in der noch nichts als das UR-ICH wirksam ist.

Sie öffnet die Augen und beginnt sich umzusehen, macht interessante und weniger interessante Wahrnehmungen, fängt auch an, genauere Beobachtungen anzustellen, denn ihr Intelligenzzentrum veranlaßt sie dazu, sich geistig zu betätigen.

Ohne alle inneren Vorgänge genau zu begreifen, prägen sich die ersten Vorstellungen, Gedanken und sogar Gefühle in Urmaterie aus, das heißt, sie werden mit den darin verwendeten geistigen Energien zu Kraftpotenzen und Bewußtseinseinheiten.

Mit diesen ersten Beziehungen zur Umwelt wächst langsam der Bewußtseinsinhalt und wird zu einer Sammelstelle ausgeprägter Kraftpotenzen. Diese selbsterzeugten Kraftelemente ordnen sich darin automatisch, das heißt, sie schließen sich zu verwandten oder gleichartigen Komplexen zusammen und machen sich im Laufe längerer Zeiträume endlich auch als hervortretende Neigungen und Interessen bemerkbar.

Damit werden die ersten von innen herauswirkenden Kraftströmungen verspürbar. Ihre Tendenzen beginnen mitzubestimmen, entfalten sich in die verschiedensten Richtungen, hier stärker, dort geringer. Die ausgeprägten Komplexe gewinnen schließlich die Überhand und setzen sich gegenüber den anderen durch.

Langsam und unaufhaltsam entsteht eine einheitliche und geschlossene Bewußtseinsform individueller Prägung. Aus der Summe aller aufgespeicherten inneren Kraftströmungen bildet sich eine aktive Spitze und Zielrichtung, die beurteilt und will; das heißt, es bildet sich ein eigenes aktives ICH!

Diese neue individuelle menschliche Urform bezeichnen wir nun als – Seele – und zum Unterschied von dem schöpferischen Grundmotiv muß ihr aktives ICH als seelisches ICH gekennzeichnet werden.

Aber diese erste Entwicklungsphase, die sich hauptsächlich auf neutrale Beobachtungen erstreckt und deshalb ursprungsgemäß einen guten, hohen, friedlichen und neutalen Charakter getragen haben wird, muß durchaus nicht so geblieben sein. Es muß noch in Betracht gezogen werden, daß es sich ja nicht um Einzelwesen handelte, sondern um viele nebeneinander lebende und unterschiedliche menschliche Urformen. Darin liegen neue Entwicklungsmöglichkeiten, die sich aus einem Zusammenleben und aus einem Zusammentreffen unterschiedlicher Interessen ergeben könnten.

Darin sind natürlich auch Konfliktstoffe enthalten. Für alle, welche die menschliche Natur kennen, ist es gut vorstellbar, daß die natürlichen Gegebenheiten der Umwelt unterschiedliche Reizwirkungen ausübten, zu unterschiedlichen Werturteilen führten und unterschiedliche Wünsche und Begierden weckten. Daraus entwickelten sich ständig auch Gegensätze, Meinungsverschiedenheiten, Besitzansprüche, Streitigkeiten – also Feindschaften. Feindschaften aber beeinflussen das Gedankenleben und die gesamte geistige Produktion immer in nachteiligem, negativem, schwingungserniedrigendem und innerlich belastendem Sinne. Durch ihre hinzukommenden negativen Kraftbestände erniedrigen sie die bisherige innere Wertzahl und das geistig-spezifische Gewicht. Das kann sehr rasch dazu führen, daß ihre Erzeuger die bisherige Daseinsebene verlassen müssen und in die nächsttiefere hinabsinken. Immer liegt der Hauptgrund für derartige Folgen in einer Verschlechterung der geistigen Produktionsgrundlage, das heißt der Gesinnung, in Richtung auf Egoismus, Materialismus und Herrschsucht. Ohne also an religiöse Berichte zu denken, ergibt sich aus rein metaphysischen Vorgängen die gleiche Situation, wie sie als Sündenfall gesunkener Seelen bezeichnet wird.

Hätten Sie jemals daran gedacht, daß daraus eine Begründung christlicher Wahrheiten werden könnte, die bisher als unbeweisbar galten und nun durch reale geistwissenschaftliche Tatsachen plötzlich verständlich, überzeugend und wirkungsvoll gemacht worden sind? – Das, was ich eben erläuterte, ist nämlich christliches Beweismaterial in reinster Formulierung und dazu in natürlicher und sachlicher Darstellung.

Aber versuchen wir nun auch noch die Gründe für die Entstehung einer zweiten, zusammengesetzten Verdichtungsmaterie auf atomarer Grundlage zu entdecken.

Vielleicht genügt dazu schon der Hinweis, daß es in der wundervollen Schöpfung ein wichtiges Gesetz gibt, nämlich
das von Ursache und Wirkung,
von Verfehlung und Folgen,
von Umkehr durch nachträgliche Einsicht,
von notweniger Wiedergutmachung angerichteten Schadens bzw. von karmischer Reinigung belastender Verschuldungen.

Gerade dieses Gesetz läßt deutlich die Absicht erkennen, aus einer Verirrung wieder auf den richtigen Weg und schließlich auch wieder zu dem ursprünglichen paradiesischen Ausgangspunkt zurückzuführen.

Die konsequente Fortsetzung unserer bisherigen Überlegungen bedeutet: Der große Grundgedanke einer Korrektur fehlerhafter Einsichten und fehlerhaften Verhaltens durch negative Folgen ist nicht von der Hand zu weisen und deutlich sichtbar.

Gerade daraus aber wird wieder die ordnende Führung verspürbar, die trotz aller gewährter Freiheit von Anfang an mit menschlichen Irrtümern rechnete und die negativen Folgen als Warnschilder aufstellte.

Scheinbar aber gab sich der „Gesetzgeber" mit der Umkehr allein nicht zufrieden. Er wollte größere und nachhaltigere Wirkungen erzielen und verhindern, begangene Fehler nochmals zu wiederholen. Deshalb schien ihm die belehrende Einsicht in die Größe des angerichteten Schadens und des anderen zugefügten Unrechts als besonders wichtig. Denn erst nach voller Erkenntnis von Umfang und Auswirkungen hat jeder begangene Fehler seinen belehrenden Zweck ganz erfüllt.

Und da war ihm auch schon klar, was zu geschehen hatte: Jeder Urheber begangenen Unrechts mußte in eine ähnliche Situation versetzt werden und die von ihm verursachten Folgen in annähernd gleicher Art und Auswirkung selbst zu verspüren bekommen. Dann begriff er das Ausmaß seiner Schuld in ganzem Umfange. Wenn die Wiedergutmachung eines verursachten Schadens erfolgt war, konnte der begangene Irrtum als bereinigt und gelöscht angesehen werden, denn nun hatte er seine Wirkung gezeigt.

Sie werden auf keine Schwierigkeiten stoßen, wenn Sie daran denken, daß jeder Ausgleich immer zwischen den beiden beteiligten Kontrahenten erfolgen kann, wobei der Überlegenere obendrein die Möglichkeit besitzt, nicht Gleiches mit Gleichem, sondern auch mit Milde und Gnade zu vergelten.

Unübersehbar bleibt die Tatsache, daß die geistige Welt als Ort oftmals keine Möglichkeit zur Wiederbegegnung bietet. Sie besitzt ja zahlreiche getrennte Schwingungsebenen, so daß sich die Hauptbeteiligten in der gleichen Lage befinden können, wie es z. B. im Gleichnis vom reichen Mann und dem armen Lazarus angedeutet wird – nämlich in großen räumlichen Abständen von einander. Dadurch wäre eine Löschung alter Schuld unmöglich.

Es mag gewiß in der geistigen Welt noch genügend andere Möglichkeiten geben, daß sich ein Schuldner durch besondere Verdienste von alten Verstrickungen befreien kann. Dennoch wird es oft keinen anderen Ausweg geben als eine erneute Zusammenführung auf einer gemeinsamen Daseinsebene.

Diese Notwendigkeiten enthalten bereits alle Voraussetzungen für eine neu zu schaffende Daseinsebene:

1. Sie muß die Möglichkeit bieten, daß auf ihr zum Zwecke gegenseitiger Belastungstilgungen die Bewohner aller geistigen Regionen – höchster wie tiefster – zusammenkommen können.
2. Sie muß aber auch die Gewähr bieten, daß diese Wiederbegegnungen sich ohne bedrückendes Schuldgefühl, also ohne Vorausbelastungen, vollziehen können, weil dadurch jede freie abermalige Entscheidung verhindert würde.

Dafür aber besteht nur eine einzige Möglichkeit, nämlich die Schwingungsunterschiede der Bewohner aller geistigen Ebenen durch eine neue schwerere Umkleidung auszuschalten, das heißt durch einen irdischen, aus zusammengesetzten Atomen bestehenden Körper!

Nun sehen Sie vielleicht auch die Durchführung dieser genialen Idee in neuem Lichte:

Sie erfolgte durch die positive Kraftdurchdringung urstofflicher Neutronen und die schöpferische Entstehung von Protonen.

Sie erfolgte ebenso durch die negative geistige Kraftdurchdringung urstofflicher Neutronen, woraus sich die Entstehung von Elektronen ergab. Beide Arten waren so abgestimmt, daß sie aufeinander wirken mußten und automatisch-metaphysisch zur Bildung einer neuen schwereren und verdichteteren stofflichen Grundlage führten – den Atomen und ihren vielseitigen Kombinationsmöglichkeiten.

Dadurch entstanden neue gewaltige kugelartige Kraftzentren, nämlich die Sonnen, Planeten und Gestirne des Universums: also auch unsere Erde.

Auf ihr sehen Sie die verkörperten und inkarnierten Bewohner aller geistigen Daseinsebenen und Entwicklungsstufen.

Sie können geistige Projektionen und landschaftliche Details aus allen geistigen Regionen, von paradiesischer Schönheit bis zu dunklem und finsterem Charakter erkennen.

Sie können aber zugleich neue großartige Belehrungs- und Entwicklungsmöglichkeiten entdecken durch das Vorhandensein fortgeschrittener Seelen.

Ebenso gibt es auf ihr Vertreter höherer und höchster geistwissenschaftlicher Erkenntnisse, die im wahrsten Sinne als Lichtbringer über grundlegende schöpferische Tatsachen und Wahrheiten anzusehen sind.

Daraus ergeben sich aber jetzt noch weitere wichtige Vorgänge wie z. B.

1. Die Entstehung einer zweiten kurzbefristeten und nur für das irdische Leben bestimmten geistigen Bewußtseinsform.
2. Die zweitweilige Ab- und Ausschaltung des viel umfangreicheren und älteren seelischen Bewußtseins.
3. Seine immerhin noch verspürbaren Lebenszeichen als Traumerlebnisse, als Erscheinung des Somnambulismus, als hypnotisch geweckte Kraftäußerungen, als mediale Fähigkeiten, als Gewissensmahnungen usw.
4. Die Triebwirkungen der gesammelten und aus dem Unbewußten stammenden Komplexwirkungen der alten seelischen Bewußtseinsform.
5. Die Existenz von „Wunderkindern“ und hochbegabten, hochentwickelten Genies, aber auch das Vorkommen von „Wunderheilungen“ und vielseitigen paranormalen Phänomenen.
6. Die Bedeutung einer seelischen Wiedergeburt, bzw. einer erneuten seelischen Aktivierung als erhebliches Beschleunigungsmittel menschlicher Entwicklung.
7. Und schließlich werden auch Sie nach dieser inneren Durchleuchtung unsere beiden geistig-seelischen Persönlichkeiten weit klarer und plastischer erkennen, nicht wahr?

Wie Sie sich erinnern werden, hatte ich unter den seelischen Aktivierungsmethoden eine als seelische Ansprechmethode bezeichnet. Durch sie werden dann seelische Funktionen ausgelöst, wenn sich ein Mensch anhaltend mit ihren Problemen beschäftigt und dadurch anhaltende geistige Impulse auf sie einstrahlt. Das ist durch die intensive Beschäftigung mit dem vorliegenden Stoff fortwährend geschehen, und ich zweifle deshalb nicht daran, daß Sie jetzt bereits die vorteilhaften Auswirkungen seelischer Unterstützung verspüren und damit die ersten praktischen Beweise der Existenz Ihrer alten erfahrenen Seele erhalten haben.

Wenn dieser Zeitpunkt einmal erreicht ist, wird es Ihnen auch gelingen, die Welt des Jenseits zu erobern und schon als irdischer Mensch wieder volle Fühlung mit ihr zu bekommen. Dann werden Sie nicht mehr auf die Aussagen anderer angewiesen sein, sondern in Ihrer alten erfahrenen Seele einen erfahrenen Führer gefunden haben, der nicht mehr annimmt, vermutet, ausdeutet oder kombiniert – sondern weiß!

Der Mensch und seine beiden Wesensformen

Die vorangegangene geistig-seelische Durchleuchtung hat Sie sicher angeregt, die bisherigen Eindrücke von beiden unsichtbaren Bewußtseinsformen nach Möglichkeit in klare Vorstellungsbilder umzuwandeln. Es ist möglich und verständlich, daß ihnen das noch einige Schwierigkeiten bereitet, was aber nicht so bleiben soll.

Beide müssen als klare einsatzfähige Werkzeuge erkannt sein, um mit Erfolg ins Jenseits einzudringen. Es genügt nicht, sie nur umrißmäßig zu kennen. Daher halte ich es für richtig, die bisher gewonnenen Erkenntnisse eindrucksvoller und anschaulicher darzustellen, etwa mit folgenden Skizzen:

Fig. 2 zeigt die geistige Bewußtseinsform mit folgenden Wesensmerkmalen:

1. Hauptzentrale oder UR-ICH mit Intelligenz- und Energiezentrum.
2. Wichtiges Atem-Kraftzentrum als Ausgangspunkt für Atemimpulse.
3. Bewußtseinsinhalt bzw. geistiges ICH mit
4.* geistigem Blickpunkt als aktiver Einsatz- und Arbeitspunkt des geistigen ICHs.
5. Geistige Pforte als wichtiger Knotenpunkt zur Hauptzentrale im Brustraum.

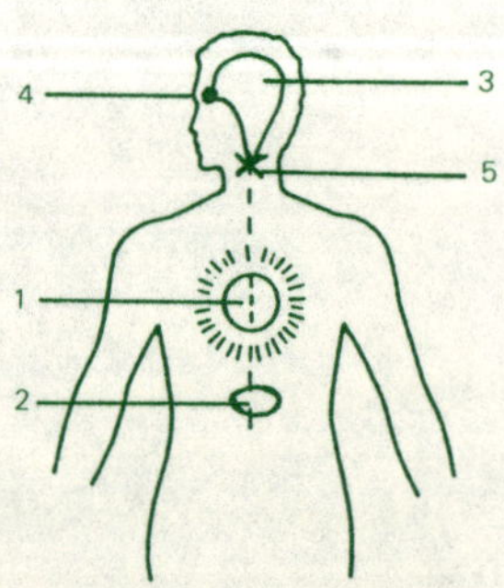

Fig. 3 zeigt die seelische Bewußtseinsform mit folgenden Wesensmerkmalen:

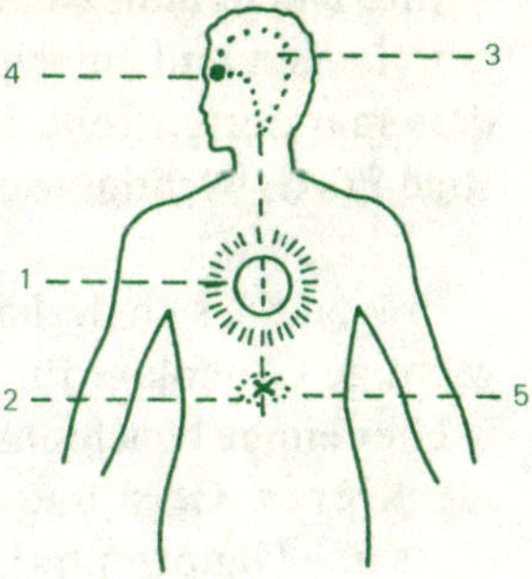

1. Hauptzcntralc odcr UR–ICII.
2. Wichtiges Atemkraft–Zentrum.
3. Bewußtseinsinhalt bzw. seelisches ICH mit
4.* seelischem Blickpunkt als aktiver Einsatz und Arbeitspunkt des seelischen ICHs.
5. Seelische Pforte als Empfangs- und Sendestation für geistige Übertragungen.

---

* Geistiger Blickpunkt = Unsere irdischen Sinnesorgane
Seelischer Blickpunkt = Emotionale Wahrnehmungsorgane (Gefühlswahrnehmungen)

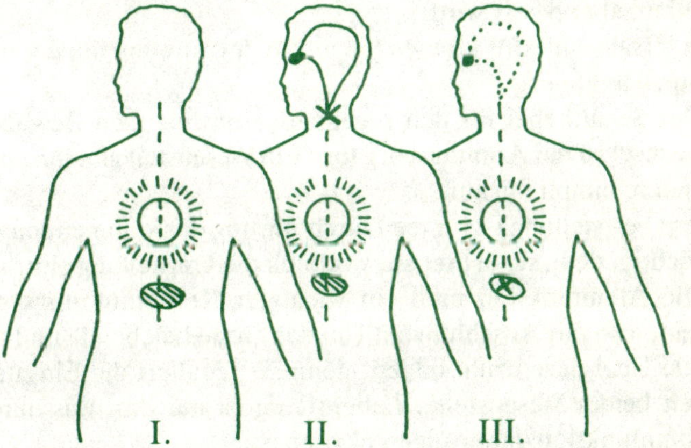

Fig. 4 zeigt die ganze menschliche Persönlichkeit mit I Körper, II geistige Bewußtseinsform und III seelische Bewußtseinsform (von links nach rechts.)

Diese Skizzen sollen zur Vervollständigung aller Vorstellungen beitragen, die Sie sich bisher von unserer inneren Organisation und ihren wesentlichen Organen gemacht haben.

Ihre Darstellung ist nicht etwa eine konstruierte, sondern beruht auf jahrelangen und ausschließlich praktischen Erfahrungen. Alle besonders markierten Teile erfüllen Sonderaufgaben und sind für die geistige Praxis wichtig, wie sich bald zeigen wird.

Prägen Sie sich deshalb die Zeichnungen genau ein, sie bilden eine wichtige Grundlage für alles weitere.

Hier einige beachtenswerte Merkmale:

1. Körper, Geist und Seele besitzen nicht nur eine einzige gemeinsame Hauptzentrale, bzw. ein UR-ICH, sondern auch ein einziges gemeinsames Atemkraftzentrum.
2. Die jüngere geistige Bewußtseinsform (II) lagert über der alten seelischen Wesenheit (III), verdrängt sie also und schaltet sie aus.
3. Die Seele kann deshalb immer erst nach Lockerung und Entfernung der geistigen Bewußtseinsform tätig werden.

Die Skizze zeigt jedoch auch, wo sich der Umschaltvorgang zwischen den beiden Bewußtseinsformen vollzieht, so daß die eine aktiv, die andere aber passiv wird.

Die Ursache hierfür können Sie nur in der Atmung finden, denn es lebt nur, was atmet!

4. Der Schalthebel für den regelmäßig eintretenden Bewußtseinswechsel ist der Atmungsvorgang: Ein Wesensteil gibt ihn ab – der andere nimmt ihn auf.

Diese Feststellung ist für die Durchführung der kommenden Aufgaben wichtig, denn sie deutet an, wodurch die Umstellung eintritt.

5. Die Atemfunktion muß ein wichtiger Kraftzuführungsvorgang sein, also das Anschlußventil an das große belebende und universale Energiezentrum bilden, denn sie reguliert die Einsatzfähigkeit beider Wesensteile. Lebensfähig ist nur das, was durch die Atemfunktion daran angeschlossen ist.

Diese Einsicht kennzeichnet den Umstellungshebel für die beabsichtigte seelische Aktivierung.

Fig. 4 macht weiterhin klar, wie jede der beiden menschlichen Bewußtseinsformen arbeitsfähig wird, denn jede von ihnen besitzt bereits ein individuelles ICH.

Beide Teile haben ihren Bewußtseinsinhalt mit Hilfe der im UR-ICH enthaltenen Betätigungsgrundlagen schon in einem gewissen

Umfang ausgeprägt und angesammelt. Die darin enthaltenen Kraftpotenzen haben deshalb bestimmte geistige Richtlinien und Tendenzen herausentwickelt, welche nicht nur alle kommenden Entscheidungen beeinflussen, sondern auch zu einer eigenen Willensbildung, also zu einem eigenen ICH führten. Daraus ergibt sich:

6. Wo ein ICH vorhanden ist, das aus einer Fülle gesammelter Kraftpotenzen gespeist, angeregt und angetrieben wird, da ist auch schon der Motor in Funktion zu einer ununterbrochenen Weiterführung der geistigen Produktion! (Siehe Nr. 3 bei Fig. 2 + 3)
7. Alle Tätigkeiten dieses ICHs vollziehen sich immer in einer zeitlichen Aufeinanderfolge, das heißt in einem Nacheinander und in einer verkleinerten Kraftkonzentration, die nur seinen aktiven Blickpunkt erfaßt. Er ist der aussendbare innere Leitstrahl und sein Universalorgan, denn er dient nicht nur dazu, äußere Reizwirkungen zu empfangen, sondern auch, um innere Kraftwirkungen auszusenden, also auch zum Arbeiten.
8. Daraus folgt, daß der Blickpunkt den aktiven Einsatz jedes ICHs ankündigt und sein vorhandenes Intelligenzzentrum verkörpert. (Siehe Nr. 4 bei Fig. 2 + 3).

Diese Feststellungen geben für die kommende technische Verwendung wertvolle Hilfen ab. Allerdings sagen sie noch nichts darüber aus, wie das ICH arbeitet. Gerade darauf aber kommt es bei seinem Einsatz an.

Die leitende Intelligenzzentrale ist ja nur einer der beiden ICH-Aspekte. Um arbeits- und einsatzfähig zu werden, braucht es noch die Atemfunktion als Zugang zur großen universalen Energiequelle. Ohne sie könnte das ICH seine Erzeugnisse nicht durch Verbindung mit neutraler Urmaterie in reale, feste und haltbare Urstoffgebilde ausprägen. Daraus wird gerade die Bedeutung der Atemfunktion sichtbar. Sie ist der zweite unbedingt notwendige und ergänzende Faktor, um die beiden geistig-seelischen Wesensteile zu beleben und ihren ICHs zu ermöglichen, aktiv zu werden und zu arbeiten. Daraus folgt:

9. Jedes ICH gelangt nur zu voller Aktivität, wenn sein Intelligenzzentrum, das heißt sein konzentrierter Blickpunkt, in unmittelbarer Verbindung mit seiner Atem-Funktionszentrale steht. Denn nur dann verfügt es über genügend Kraft zu seiner Betätigung. (Siehe Nr. 4 + 2 in Fig. 2 + 3).

Wie bedeutsam diese Erkenntnis ist, wird sich sehr bald erweisen, wenn es sich darum handelt, das seelische ICH zu wecken und arbeitsmäßig einzusetzen.

Dazu sollte man vorher genau wissen, wo eigentlich die Atem-Funktionszentrale liegt und wo sie gesucht werden muß, um diese Verbindung mit dem aktiven Blickpunkt des Intelligenzzentrums herzustellen.

Die Nase können wir dabei schon einmal mit Sicherheit ausschließen. Sie stellt ja nur den Eingang zu den Luftwegen dar – mehr nicht. Anatomisch gesehen vollführen die Zwischenrippenmuskeln und das Zwerchfell die Zusammenziehung und Ausdehnung des Brustkorbes und verursachen dadurch den Atemvorgang. Alle dafür notwendigen Kraftimpulse aber erhalten sie erst wieder durch entsprechende Nervenleitungen. Daraus ergibt sich:

10. Die Atem-Funktionszentrale liegt im Bereich des großen Nervenstranges im Rückenmark und zwar im Grenzgebiet zwischen Rippen und Zwerchfell, also etwas unterhalb der Herzspitze.

Mit der Lokalisierung von Intelligenzzentrum (4) und Atem-Funktionszentrum (2) für die Aktivierung des geistigen und seelischen ICHs ist schon viel gewonnen, nämlich zwei reale und deutlich wahrnehmbare Merkmale:

A Die beiden aktiven Blickpunkte und

B der festgestellte Ausgangspunkt für alle Atemimpulse.

Während die beiden Blickpunkte sich nach allen Richtungen frei bewegen und bewußt ausgesendet werden können, ist die innere Atem-Funktionszentrale im Brustraum stationär und gebunden.

Diese Tatsache ist außerordentlich wichtig, um ihre ICHs wahrnehmungsfähig zu machen, denn in dem Augenblick, wo einer der beiden Blickpunkte auf die Stelle des Körpers konzentriert wird, an dem alle Atemimpulse fühlbar entstehen, vereinigen sich ja die beiden ICH-Bestandteile wieder. Wir haben also dann das ganze ICH wieder vor uns, können es selbständig arbeiten lassen, beobachten, prüfen und seine Regsamkeit bestaunen. Das führt zur Kurzbezeichnung:

11. ICH = Atemfunktion + Blickpunkt.

Damit müßte es Ihnen schon gelingen, Ihr ICH zum erstenmal direkt wahrzunehmen. Allerdings sind dabei für Anfänger noch einige notwendige, praktische Hinweise zu beachten.

A Eine Vorbedingung ist, die Ursprungsstelle aller Atemimpulse jederzeit erfühlen und deutlich wahrnehmen zu können. Dazu sind Vorübungen durchzuführen.

B Die zweite Vorbedingung betrifft den für solche inneren Beobachtungen noch völlig ungeübten geistigen Blickpunkt und damit den Einsatz der Intelligenzzentrale. Auch das muß vorher geübt worden sein.

C Dazu kommt noch als dritte Vorbedingung, die besonders bei Bewußtseinswechsel, also bei der seelischen Aktivierung, beachtet werden muß, nämlich den eben aus vorangegangenem passiven Ruhezustand erwachten Bewußtseinspartner aufzumuntern, sich jetzt zu betätigen, damit er lebendig verspürt werden kann.

Die Lokalisierung des Atemursprungs, das Trainieren des Blickpunktes auf innere Vorgänge und die Ermunterungsmaßnahmen für die bewußt erweckte zweite Wesensform dürfen wegen ihrer Bedeutung nicht übersehen werden.

Dazu können Ihnen folgende Ratschläge dienen:

Zu A: Zur Ermittlung der Ursprungsstelle für alle Atemimpulse und damit des Standortes für das innere Kraftventil dient zunächst das tiefe Atmen, um den Atemvorgang besser beobachten zu können. Wie in nachfolgender Zeichnung angegeben, werden die Kraftimpulse für die Ein- und Ausatmung an den dafür markierten Körperstellen fühlbar, und zwar: Linke Hälfte rot für die geistige Bewußtseinsform und rechte Hälfte blau für die seelische Bewußtseinsform.

Noch deutlicher markieren sie sich beim Atemanhalten, und zwar so lange, bsi der Ausgangspunkt krampfhafter Anstrengungen zur Fortsetzung der Atmung erkennbar wird. Diese Körperstelle ist genau zu merken.

Schon dieser Vorgang wird einige Schwierigkeiten bereiten, weil unser inneres Wahrnehmungsvermögen äußerst schlecht trainiert ist.

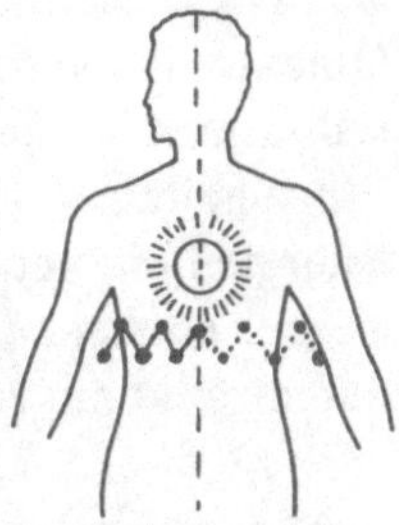

Fig. 5

Darum ist eine vorausgehende Schulung des geistigen Blickpunktes unerläßlich.

Zu A wäre noch zu sagen: Bisher wurde dieser Blickpunkt in der Hauptsache nur für die Aufnahme äußerer Reizwirkungen verwendet, nicht aber auch für körperliche und schon gar nicht für rein geistige Vorgänge. Darin liegt eben die Ursache seiner Vernachlässigung.

Dazu kommt noch ein anderer Fehler: Er ist ja nicht nur die menschliche Empfangsstation für äußere Schwingungen, sondern wird in seiner anderen wichtigen Funktion als Sendestation für eigene geistige Kraftausstrahlungen überhaupt noch nicht gewürdigt. Das ist ein großer Mangel. Deshalb sind die meisten auch noch nicht auf den Gedanken gekommen, daß sie mit ihren eigenen geistigen Energien nicht nur auf ihrer körperlichen, sondern auch auf ihrer geistigen und seelischen Ebene erhebliche Leistungen vollbringen können.

Diese Erklärung trägt nicht nur zum Verständnis einer Reihe geistiger Phänomene bei, sondern bestätigt auch, daß geistige Energien eine besondere bisher übersehene Kraftart sind.

Wir wollen ja nicht mehr auf dem Boden zweifelhafter Dogmen stehen, sondern realer natürlicher Vorgänge, mit anderen Worten – der Metaphysik. Auch die Funktionen des geistigen Blickpunktes werden nun in neuem Lichte gesehen werden müssen.

Er ist nämlich keineswegs nur eine Art Sinn, sondern völlig identisch mit dem Intelligenzteil unseres geistigen ICHs und zeigt seinen auf einen Punkt konzentrierten Einsatz an. Mit seiner Hilfe nimmt es äußere Sinnesreize wahr, beurteilt sie wertmäßig, erkennt sie für persönlich wichtig oder nicht, interessiert sich dementsprechend und verwendet für ihre weitere Verarbeitung mehr oder weniger geistige Energie. Diese dient zur Nachgestaltung und Umwandlung des äußeren Objektes in ein inneres. Das geschieht mechanisch durch einen Materialisationsvorgang, wobei die äußere Form durch Feststellung von Einzelheiten weiter ergänzt wird. Da auf alle geistig ausgeprägten Energien die neutralen Elementarteilchen der Urmaterie sofort reagieren, entstehen nun reale Urstoffgebilde, das heißt Vorstellungen, durchtränkt mit zusätzlichen Gedanken und Gefühlsempfindungen.

Alles das gehört zur Arbeitsleistung des geistigen Blickpunktes, in dem sich das Intelligenzzentrum des ICHs manifestiert. Es ist seine

Reaktion auf äußere Reizwirkungen von Formen, Farben und Zusammenhängen.

Die Funktion des geistigen Blickpunktes ist einer der interessantesten Vorgänge in der Metaphysik, denn er erläutert geistige Entstehungsvorgänge.

Das Energiepotential, welches er für seine Tätigkeit verwendet, ist nicht immer das gleiche, sondern richtet sich nach seinem vorhandenen Interesse. Ist es nur oberflächlich, enthält es nur einen geringen geistigen Energiebetrag. Ist es größer, dann vermehrt sich auch die aufgewendete geistige Energiemenge. Der Blickpunkt arbeitet hier schon als ein verstärktes TEIL-ICH. Bei besonders starkem Interesse aber wird im geistigen Blickpunkt immer nahezu das ganze ICH wirksam.

Es kommt also sehr darauf an, daß alle Beobachtungen mit gesteigertem Interesse durchgeführt werden, damit recht starke Ergebnisse erzielt werden können.

Besonders wirksam wird der Blickpunkt dann, wenn er als Sender verwendet wird, also in kraftausstrahlendem Sinne.

Anstrahlen heißt Kraft ausgeben. Wir sollten uns deshalb angewöhnen, alle Objekte, mit denen sich unser Blickpunkt beschäftigt, kräftig anzustrahlen.

Etwas anstrahlen heißt, es beim Anblick förmlich mit einer geistigen Krafthülle zu umgeben oder gleichsam mit ausgesendeter geistiger Energie zu durchtränken. Es bedeutet: Etwas mit besonderer Liebe anzuschauen!

Da wir noch immer bei der Ausdeutung der technischen Maßnahmen sind, die sich aus den Darstellungen in Fig. 2/3+4 ergeben, müssen zusätzlich folgende Tatsachen festgestellt werden:

12. Auf die Wahrnehmung und Entdeckung unseres geistigen oder seelischen ICHs bezogen, würde das bedeuten, den Ausgangspunkt unserer Atemimpulse mit dem Blickpunkt kraftvoll anzustrahlen, ihn also wie mit einer geistigen Krafthülle zu umgeben! Dann muß auch der Intelligenzteil des ICHs hier deutlich in Erscheinung treten. Er ist ja nach der Formel auf Seite 82 ($I = A + B$) der zweite wichtige Faktor für die notwendige Zusammenführung.

Was Ihnen bis hier nun gelingen könnte, wäre die Wahrnehmung des ICHs als innere Kraft- und Energiekonzentration bzw. als einen inneren Schwerpunkt – mehr nicht.

Wir aber wollen das ICH erleben, das heißt als unsere innere Zentrale erkennen, die lebendig ist und alle Merkmale des Lebens zeigt: Atmung, Bewegung, den charakteristischen Gesichtsausdruck und die Denkfähigkeit! Dazu gehört, den eben aus einem Ruhestand erwachten und noch passiven Bewußtseinspartner aufzumuntern, sich zu betätigen, um deutlich wahrgenommen zu werden.

Zu C ist deshalb folgendes zu bemerken:

Das durch Konzentration des Blickpunktes auf den Ort des Atemursprungs erwachte und aktionsfähige ICH braucht noch einen Betätigungsimpuls. Es muß sich als ganze Persönlichkeit mit eigenem ICH-BEWUSSTSEIN erkennen und fühlen!

Bisher war es nur wach und arbeitsfähig. Jetzt soll es die Beweise seiner Funktionsfähigkeit liefern. Wir brauchen nach unserem Wachwerden auch stets eine kleine Besinnungspause. Unsere Impulse sollen ihm helfen, diesen Zustand rascher zu überwinden. Wir werden ihm deshalb folgende Suggestionen erteilen, zu sagen:

Ich bin wieder fähig, alles zu tun, was ich will!

Ich bin wieder fähig, selbständig zu atmen. (A)

Ich bin wieder fähig, mich selbständig zu bewegen. (B)

Ich bin wieder fähig, mich durch meinen gewohnten Gesichtsausdruck zu charakterisieren. (C)

Ich bin vor allem wieder fähig, selbständig zu denken. (D)

Erst wenn es sich wieder so äußern kann und die Proben seiner Aktivität geliefert hat, ist sein ICH–BEWUSSTSEIN wieder geweckt. Ich hoffe, Sie erkennen die Bedeutung dieser Maßnahme!

Aktivierung unserer seelischen Persönlichkeit

Bisher ging es hauptsächlich um Intelligenz und Kraft, also um die beiden Grundfaktoren und ihre Ausführungsorgane, die für eine praktische Betätigung unserer beiden inneren Persönlichkeiten unerläßlich sind.

Die Vorstellungen und Bilder, welche wir uns von beiden machen müssen, um ihre wechselseitigen Funktionen zu verstehen, sollten Sie sich genau einprägen.

Unser Ziel bleibt nach wie vor, eine neue logische und begründete Methode zu finden, um in uns die vorgeburtliche seelische Wesensform tätig werden zu lassen. Denn ohne sie kann das Jenseits weder erkannt noch erforscht werden!

Vorbedingung aber bleibt, unsere jetztige geistige Wesensform nach genauer Erkennung praktisch einsetzen zu lernen, weil der Übergang zur Seele nur über sie erfolgen kann. Nur nach richtigem Anfang ist die Seele praktisch und völlig unabhängig zu erleben.

Achten Sie bitte künftig darauf, daß alles, was in Ihnen an Bewegung oder Tätigkeiten unwillkürlich geschieht, nur diese zweite innere Persönlichkeit als Urheber haben kann.

Um den ganzen Aktivierungsvorgang genau zu schildern, zerlege ich ihn in folgende Einzelabschnitte:

1. Der geistige Blickpunkt, das heißt unser einsatzfähiger Intelligenz- und Beobachtungspunkt, ist stark kraftausstrahlend zu machen und auf innere Vorgänge zu richten.
2. In dieser verstärkten Form wird er nun auf das Atemzentrum, das heißt, auf den Entstehungsherd für alle Atemimpulse, konzentriert. (Siehe Fig. 5). Dadurch werden das Intelligenz- und das

Atemzentrum des geistigen ICHs wieder zu einem Ganzen vereinigt.

3. Um diesen Zusammenschluß nicht wieder zerfallen zu lassen, sondern aufrecht zu erhalten, muß der gern wieder wandernde geistige Blickpunkt ständig die Kraftimpulse des Atemrhythmus mitmachen und fortsetzen.
4. Im Atemzentrum erfolgt nun die Umschaltung vom geistigen auf das seelische ICH, das heißt: die Verbindung; geistiger Blickpunkt + Atemrhythmus wird umgewandelt in seelischer Blickpunkt + Atemrhythmus!
   Es werden also nur die Intelligenzzentren (Blickpunkte) ausgewechselt und dadurch das bisherige ICH abgeschaltet, das neue (seelische) ICH eingeschaltet.
5. Im allgemeinen geht dieser Vorgang ganz automatisch vor sich:

Sobald sich der geistige Blickpunkt nur noch passiv und beobachtend verhält, wird gewöhnlich schon das seelische ICH aktiv, beginnt selbständig zu atmen, sich zu bewegen und im ganzen Körper lebendig verspürbar zu werden. Überall sind unwillkürliche Regungen wahrzunehmen, auch im Gesicht, ja sogar ganz selbständige Denkvorgänge.
Es macht sich also eine andere innere Wesensform bemerkbar, deren Funktionen nicht wie üblich gewollt hervorgerufen werden, sondern die sich ganz unabhängig vom eigenen Willen vollziehen.

Wer alle Phasen verstanden hat und ihre Einzelvorgänge genau befolgt, wird schon beim ersten Versuch Erfolge verspüren.

Der wichtigste Verbindungsweg zwischen der geistigen und der seelischen Persönlichkeit ist der Atemrhythmus. Er stellt das eigentlich belebende Kraftventil dar, das beide brauchen, um zu wirken. Hier müssen sie sich immer wieder treffen und sehnsüchtig warten, bis es vom anderen Wesensteil wieder freigegeben wird.

Wenn Sie hier Ihrer Seele rhythmisch atmend gegenüberstehen und sich absolut passiv, das heißt, nur noch beobachtend verhalten, weiß sie sofort, daß damit der Weg für sie frei ist. Sie benützt deshalb sogleich die Gelegenheit, sich zu betätigen, den Atem zu übernehmen und sich Ihnen gegenüber erkennbar zu machen.

Die Entdeckung von der Bedeutung des Atemrhythmus als dem gemeinsamen Verbindungsstrang zwischen beiden menschlichen

Wesensformen kann erst dann als groß bezeichnet werden, wenn sie in ihrer Bedeutung allgemein erkannt und anerkannt worden ist.

Sie führt zum Nachweis einer zweiten inneren Persönlichkeit. Diese wiederum hilft den Nachweis zu erbringen, daß es auch über Anfang und Ende des irdischen Lebens menschliches Dasein gibt. Daraus aber wird die Existenz einer geistigen Welt wiederum nachweisbar. Unser irdisches Weltbild erfährt eine ganz neue und wesentlich erweiterte Ausdeutung. Auch unsere bisherige befristete Zielsetzung erfährt zwangsläufig eine gewaltige Wandlung, und unser Dasein bekommt einen neuen erhöhten und erhabenen Sinn.

Lassen Sie mich den Aktivierungsvorgang nochmals zeichnerisch wie folgt darstellen:

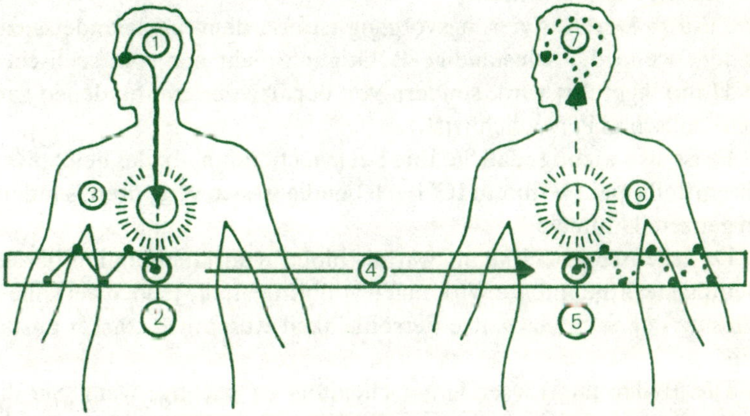

Fig. 6 Fig. 7

Zeichenerklärung:
Fig. 6: Geistige Bewußtseinsform.
Fig. 7: Seelische Bewußtseinsform.
Balken: Atem-Kraftgürtel.

Seelischer Aktivierungsvorgang:

(1) Aussendung des aktiven geistigen Blickpunktes aus dem Bewußtseinsinhalt zum Atem-Kraftgürtel. (Atmung beobachten)
(2) Seine Konzentration im Atemzentrum.
(3) Aufnahme des Atemrhythmus und Vereinigung zum geistigen ICH.
(4) Umschaltung auf die seelische Bewußtseinsform durch passives Verhalten.
(5) Beginnende Regsamkeit des seelischen Blickpunktes (bewußte gefühlsmäßige Wahrnehmung der Atmung).
(6) Aufnahme des Atemrhythmus und Vereinigung zum seelischen ICH.
(7) Beginnende selbständige Betätigung der wieder aktivierten seelischen Persönlichkeit.

Zusatz: Der Aktivierungsvorgang ist erst dann als beendet anzusehen, wenn die selbständige Betätigung nicht nur vom seelischen ICH durchgeführt wird, sondern von der bewußt empfundenen ganzen seelischen Persönlichkeit!

Es ist also wichtig, daß Sie Ihre Seele nicht nur halb, das heißt bis zu ihrem Teilaspekt – Ihrem ICH – lebendig in sich verspüren, sondern in ganzem Umfange.

Das seelische ICH kann zwar als bloße Kraftkombination bereits deutlich wahrnehmbare Wirkungen vollbringen, die jedoch bei vollem Einsatz der Seele als ganze Persönlichkeit wesentlich stärker ausfallen.

Die Bedeutung dieser Unterscheidung ist wichtig, wenn Sie die volle seelische Unterstützung brauchen, weil ein Teilaspekt nicht ausreicht.

Hier liegt auch der kritische Punkt für alle diejenigen, welche nicht schon beim ersten Versuch, ihre Seele wahrzunehmen, Erfolg haben. Die Seele benützt zwar gerne jede Gelegenheit, sich zu regen (z.B. intuitive Einfälle), aber wenn sie sich als ständiger Helfer betätigen soll, braucht sie aktive und vor allem richtige Unterstützung zu ihrer Befreiung.

Sie braucht also oft noch entsprechende Suggestionshilfen, die ihr ICH-BEWUSSTSEIN wecken und ihr sagen, was von ihr erwartet wird.

Wie Sie inzwischen wissen, gehört die seelische Ansprechmethode, die zur Entstehung besonderer parapsychischer Fähigkeiten führt, zu den erfolgreichen Möglichkeiten seelischer Erweckung. Um die Seele gerade bei dem schwierigen Vorgang der inneren Umschaltung (4) und (5) und des Beginns eigener Aktivitäten zu unterstützen, kann es notwendig werden, sie unmittelbar anzusprechen und zu ihr zu sagen:

A „Seele, ich gebe dir das Atem–Kraftzentrum frei und verhalte mich passiv. Übernimm du jetzt den Atemrhythmus, setze ihn fort, betätige dich und laß mich erkennen, daß du nun wieder in mir lebendig geworden bist."

Worauf ein ruhiger abwartender Zustand eintreten muß!

B Sollte auch hier noch keine Wirkung eintreten, so muß das noch fehlende seelische ICH-BEWUSSTSEIN geweckt werden durch suggestive Befehle zur Durchführung wichtiger Lebensmerkmale, z.B.: „Seele wiederhole...

1. Ich bin jetzt fähig, selbständig zu atmen. (A) (Ruhiges Abwarten, bis es tatsächlich geschieht!)
2. Ich bin jetzt fähig, mich im ganzen Körper selbständig zu bewegen. (B) (Wiederum ruhig abwarten, bis Aktivität im Körper verspürt wird!)
3. Ich bin auch fähig, meinen Charakter an Gesichtsausdruck und Wesensart zu zeigen. (C) (Abwarten!)
4. Ich bin ebenso fähig, selbständig zu denken. (D) (Abwarten!)

(Anmerkung: Abwarten heißt in diesem Falle „gedankenleer" und in völliger Passivität auf Reaktionen warten. Aber trotzdem in vollem Bewußtsein dessen, was geschehen soll!)

Gerade die Suggestion des ICH–BIN hat eine belebende Kraft auch auf noch völlig unerweckte Seelen und veranlaßt auch sie mit der Zeit zu entsprechenden Reaktionen. Dieses belebend wirkende A/B/C/D erweist sich auch in hartnäckigen Fällen als gute Hilfe.

Es ist gut vorstellbar, daß viele menschlichen Seelen wohl den Wunsch nach unmittelbaren Kontakten mit ihrer aktiven geistigen Bewußtseinsform haben, aber an eine derartige Möglichkeit nicht glauben und sich daher anfänglich zögernd oder gar widerstrebend verhalten. Deshalb muß der Aktivierungsvorgang stark von einer erkenntnismäßigen Vorbereitungsaktion unterstützt werden, um Mißerfolge auszuschließen. (Erkenntnisse über geistige Vorgänge allgemein!)

Unsere Seelen sind – das kann nicht oft und eindringlich genug betont werden – Persönlichkeiten, also ausgeprägte, einsichtige und logisch denkende Bewußtseinsformen. Sie sind die Urbilder unserer ganzen Erscheinung, die Träger unserer bisherigen Entwicklungen, die Kraftgrundlagen unserer Entfaltungsfortsetzungen und die Ausgangsformen göttlicher Grundideen. Der ganze Entwicklungsvorgang schlummert in ihnen, muß in ihnen erkannt und konsequent durchgeführt werden. Sie sind die uralten Stammbäume unserer Gesamtpersönlichkeiten. Und wer ihre Situation von ihrem Standpunkt her betrachtet, begreift ihren unbefriedigenden Zustand, nicht direkt und unmittelbar in irdische Lebensvorgänge eingreifen zu können, sondern nur indirekt durch die mechanischen Triebwirkungen ihrer vorhandenen Bewußtseinskomplexe wirksam werden zu können.

Ihr Interesse, wieder Einfluß auf die Entfaltung ihrer irdischen Erscheinungsform gewinnen zu können, beruht deshalb auf besonderer Verantwortlichkeit und als Leidtragende aller neu begangenen Fehler. Als innerer Kern unserer Persönlichkeit hat sie einmal die Folgen zu übernehmen, die Belastungen abzutragen, die jeweiligen neuen Erkenntnisse zu verarbeiten und die ursprünglichen Entwicklungsrichtlinien ständig weiter zu realisieren.

Glauben Sie mir – von Seiten der Seele aus gesehen erscheint auch ihr nichts so dringlich wie die Bemühung, die trennende Mauer zwischen Jenseits und Diesseits endlich zu durchbrechen und die Führung ihrer irdischen Abzweigungen wieder selbst übernehmen zu können.

Hier können wir uns fragen, weshalb sich denn diese Bemühungen nicht auch von seelischer Seite her nachdrücklich fördern und durchführen lassen.

Wenn das möglich wäre, wäre das Problem sicherlich schon längst gelöst. Wie schwierig ein solches Unternehmen von seelischer Seite durchführbar ist, beweist ja die Tatsache, daß wir bisher noch nicht einmal über ihren Existenznachweis verfügen, daß sie für unreal, ja völlig bedeutungslos gehalten wird, daß man ihre Erlebnisse nur über Genuß- und Suchtmittel sucht und noch keinen anderen praktischen (und völlig bewußten) Weg zu ihrer Betätigung kennt.

Der Zugang wäre demnach nur von irdischer Seite her zu erschließen, und hier bleibt nur der Weg über die Geistwissenschaft offen, denn alle anderen haben bisher versagt.

Bei allen Menschen ist das schöpferische UR-ICH der Träger ihrer richtungsweisenden Grundidee. Sie enthalten Planungen bis in allerfernste Zukunft. Jeder hat in diesen Planungen seinen angewiesenen Platz auszufüllen. Einmal kommt auch für ihn die Stunde zu einer wichtigen Sonderaufgabe, deren Ziel immer in fortschreitender Entwicklung liegt.

Auch die Kontaktverbindung zwischen den beiden menschlichen Bewußtseinsformen ist so ein wichtiger Entwicklungsfortschritt. Mit großer Weisheit vorausgeplant und in der Aufgabenverteilung berücksichigt --- denn die wichtigste Tätigkeit dabei wurde keinem gewöhnlichen Menschen zugedacht, sondern jenem Geist, der dem Gottesbereich sein eigenes Gewaltreich entgegensetzen wollte: Dem Beherrscher des negativen Wirkungsprinzips oder der dämonischen Bereiche.

Er selbst mußte seine eigenen Pläne zum Scheitern bringen und zu der Einsicht gelangen, daß die Menschheit zwar durch negative geistige Kraftpotenzen zu beeinflussen, zeitweilig sogar zu unterjochen ist, aber dennoch den Weg zurück zu ihrer Seele und damit auch zur Wahrheit findet!

Wodurch? – Nun, er und der Vertreter des negativen Geistesprinzips kennen sehr genau die Möglichkeiten, sich die Menschen auf dem Wege über unsichtbare geistige Kraftausstrahlungen zu unterwerfen. Darum betrachtete er bisher die Wissenschaft über den Geist und den Gebrauch seiner Energien als ein Privileg, aber auch als sein „Staatsgeheimnis" und unantastbaren Grundpfeiler seiner Macht.

Überall, wo sensible Menschen Einblick in geistige Kraftwirkungen und in die geistige Technik gewinnen konnten, das heißt, wo sein „Staatsgeheimnis" also in Gefahr geriet, entdeckt zu werden, da begann er mit seinen Helfern bei anderen Verwirrung zu stiften, Schrecken zu erwecken, Verzweiflung zu erzeugen, in geistigen Verfolgungswahn verfallen zu lassen und entweder jene resignieren – oder gar Selbstmord begehen zu lassen!

In den meisten Fällen führten diese diabolischen Gewaltmaßnahmen auch zum Erfolg. Die Unsicherheit über psychische Vorgänge ist im Wachsen; depressive Zustände verbreiten sich mehr und mehr; psychiatrische Anstalten sind überfüllt, und überall werden „dämonische" Einflüsse verspürbar!

Da auch ich mich intensiv für die Probleme der Seele interessierte, schickte er seine „Helfer“ zum gegebenen Zeitpunkt auch zu mir in der Absicht, mich zu vernichten. Diesmal aber schlug sein Plan fehl. Ich zeigte mich widerstandsfähiger, als er glaubte. Ich trotzte seinen gewaltsamsten Anstrengungen, machte dafür sehr sorgfältige Studien und freute mich über die eingehenden Belehrungen, die mir von „Fachleuten“ des Negativen zuteil wurden und die ich in positive Gegenwirkungen umwandeln mußte.

Seine „Staatsgeheimnisse“ sind für mich keine Geheimnisse mehr, und es liegt mir sehr viel daran, sie wissenschaftlich auszuwerten und allen Menschen zugänglich zu machen, damit sie sich aus der Gewalt negativer geistiger Energiewirkungen befreien können.

Wie Sie sehen, gehöre ich also nur zu den Mittelspersonen, derer sich die Vorsehung bedient, um dem dämonischen Prinzip klarzumachen, daß es durch seine geistigen Gewaltanwendungen nicht imstande ist, ewige Wahrheiten über den richtigen Gebrauch geistiger Energien zu unterdrücken.

Wer wieder Kontakt mit seiner alten hocherfahrenen seelischen Persönlichkeit gefunden hat, dem hilft sie die Entwicklungsprobleme zu lösen, wozu irdische Einsicht niemals ausreicht. Sie hilft ihm, stärkste negative Angriffe zu überstehen und entdeckt ihm alle in ihrem ganzen Daseinsverlauf gesammelten Erkenntnisse. Und dazu gehört auch die Wirkung des negativen Prinzips, welches uns derart zu schaffen macht.

Seelische Experimente

Vielleicht haben Sie inzwischen bereits eigene Versuche gemacht und erfolgreich mit Ihrer Seele Kontakte herstellen können. Dann beginnt jetzt auch für Sie eine Zeit der „Wunder“ über Lebenszeichen und Erlebnisse seelischer Art.

Begnügen Sie sich im Augenblick mit diesen ersten Anzeichen für die tatsächliche Existenz Ihrer seelischen Persönlichkeit und überfordern Sie sich nicht, was leicht zu Enttäuschungen führen könnte. Leider beachten viele diese Regel nicht bei ihren Versuchen.

Für den Anfang genügt es durchaus, nur mit dem seelischen ICH praktisch zu arbeiten. Später können aber Fälle eintreten, die den Einsatz der ganzen seelischen Persönlichkeit erfordern. Ich möchte deshalb nicht versäumen, Ihnen schon hier die Möglichkeiten für den noch fehlenden Schritt anzugeben. Dazu sind folgende Überlegungen notwendig:

Wie bereits mehrfach erwähnt, ist das seelische ICH nur die aktive Leitung und Spitze, in welcher die ausgeprägten Kraftkomplexe zur Wirkung gelangen. Die ganze seelische Persönlichkeit aber umfaßt den gesamten seelischen Bewußtseinsinhalt, das heißt, die seelische Zone des Gehirns.

Nachdem es aber bereits möglich war, das aktivierte seelische ICH zu veranlassen, besondere Wünsche (körperliche Regungen) zu erfüllen, sollten Sie es nun auch einmal auffordern, entsprechende Gesichtsveränderungen vorzunehmen und den ihm eigenen Gesichtsausdruck zu zeigen.

Auf diese Weise zwingen Sie es, sich wieder in der Zone des Gehirns zu betätigen und dort als Ganzes in Erscheinung zu treten. Dann erleben Sie die Seele auch als einheitliche Persönlichkeit, die im ganzen Körper spürbar ist. (Sie erleben sie völlig bewußt mit Ihrem vollen Bewußtsein.)

Diese ersten seelischen Aktivierungsmethoden sind für Anfänger bestimmt, deshalb wurden sie so ausführlich beschrieben.

Es gibt aber auch seelische Aktivierungsmethoden für Fortgeschrittene, die im Grunde genommen nur verkürzende Abwandlungen sind und sich im Laufe der Praxis von selbst herausbilden. Ich möchte auch sie hier kurz skizzieren.

Bei der bisherigen Methode wurde der Umschaltvorgang vom geistigen zum seelischen Blickpunkt im Atemzentrum vollzogen. Beide aktiven Leitstellen aber sind in der Gehirnzone stationiert. Auch der Atemrhythmus ist dort ständig in der Nase wahrnehmbar. Es liegt deshalb nahe, den gleichen Umschaltvorgang gleichfalls in der Gehirnzone durchzuführen, und zwar nicht mit dem seelischen ICH, sondern mit der ganzen seelischen Persönlichkeit.

2. **Aktivierungsmethode:**

Der verkürzte seelische Aktivierungsvorgang würde dann folgendermaßen vor sich gehen:

a. Konzentration des aktiven geistigen Blickpunktes im Raum der Nasenwurzel.
b. Aufnahme des Atemrhythmus, ICH-BIN-Übung des geistigen ICHs.
c. Umschaltung auf die seelische Bewußtseinsform durch passives Verhalten.
d. Beginnende Regsamkeit der Seele.
e. Aufnahme des Atemrhythmus und ICH-BIN-Übung der Seele.
f. Beginnende selbständige Betätigung der ganzen wieder aktivierten seelischen Persönlichkeit, die nun als solche im ganzen Körper wahrnehmbar ist.

3. **Aktivierungsmethode:**

a. Bewußte Konzentation und Durchführung des Atemrhythmus im Raum der Nasenwurzel. ICH-BIN-Übung.

b. Umschaltung auf die seelische Bewußtseinsform durch passives Verhalten.
c. Aufnahme des Atemrhythmus durch die Seele und ICH-BIN-Übung. Darauf einsetzende seelische Aktivität.

4. **Aktivierungsmethode:**

Bei noch engerer innerer Verbundenheit durch fortgesetzte Übungen genügt späterhin die Suggestion:

a. Seele, werde aktiv und mache dich durch Veränderung der Gesichtszüge bemerkbar.
b. Beginnende Regsamkeit.

Die überraschende Wirksamkeit dieser Methode liegt darin, daß alle andersgearteten seelischen Regungen im Gesicht am raschesten und am deutlichsten erkennbar sind, daß sie auf einer unmittelbaren seelischen Reaktion beruhen und zu sofortigem Einsatz führen.

Mit seiner aktivierten Seele praktisch zu arbeiten, bedeutet nur, ihre traumwandleriche Tätigkeit bewußt zu beeinflussen und steuern zu lernen! Das aber setzt voraus, den Weg zu ihr zu finden und aus einem tätigen, aber kontaktlosen Nebeneinander ein tätiges und bewußtes Nebeneinander zu machen! (Hierin liegt das Kernproblem der ASW-Forschung!)

Wie ich schon erwähnte, beginnt jetzt für Sie eine Zeit der „Wunder", das heißt, eine Zeit, die Ihnen erstaunliche Tatsachen mit ganz natürlichen Erklärungen offenbart. Dadurch werden Sie in die Lage versetzt, eine ganze Reihe sonst völlig unzugänglicher Zustände persönlich zu beeinflussen und günstig zu gestalten.

Ich denke da z. B. an Gesundungs- und Heilungsvorgänge, also an geistige Kraftwirkungen bei körperlichen Erkrankungen.

Über die positive Auswirkung von Heilsugggestionen wurde bereits genug geschrieben. Sie ist heute allgemein bekannt. Wie jedoch solche Geistheilungen vor sich gehen, liegt noch im dunkeln.

Nach einigen Überlegungen wird sich das ändern:

Der weitaus größte Teil aller Erkrankungen kommt immer durch Kreislaufstörungen zustande. Wenn z. B. der normale Blutumlauf gehemmt ist, können Körperzellen nicht mehr richtig ernährt werden, so daß nach und nach organische Schäden eintreten müssen. Andererseits ist auch die Beseitigung von verbrauchten Abfallstoffen behindert. Diese beginnen sich im Körper abzulagern und vorübergehende oder dauernde Stauungen und Funktionsstörungen zu verursachen.

Alle Kreislaufstörungen aber entstehen stets durch Kraftmangel. Das heißt durch Mangel an Nervenkraft. Hier sollten Sie sich daran erinnern, daß wir ja ein geistiges ICH mit unmittelbarer Verbindung zu unserem inneren Kraftzentrum besitzen. Dann werden Sie selbst entdecken, welche Hilfs- und Heilungsmöglichkeiten sich für alle diejenigen ergeben, die ihr ICH zu aktivieren verstehen.

Sie müßten also in Krankheitsfällen Ihr vereinigtes geistiges ICH gerade auf die geschwächte oder schmerzhafte Körperstelle lenken und dort seine Kraft wirksam werden lassen.

Ihr geistiges ICH ist ja durch den Blickpunkt lenkbar und beweglich. Wenn es mit seinem fortgesetzten Atemrhythmus, durch den es an das universale Energiezentrum angeschlossen ist, auf den Krankheitsherd konzentriert und dort eine gewisse Zeit festgehalten wird, dann beseitigt es den dort vorhandenen Kraftmangel und führt, wenn häufig auch erst nach mehrfachen Wiederholungen, zum Ausgleich und zur Heilung.

Noch weit besser aber vermag die aktivierte Seele hier in Funktion zu treten. Je stärker sie aktiviert wird, um so energischer, wirkungsvoller, ja geradezu erstaunlicher ist ihre Kraftentfaltung und wird mitunter schon in Minutenschnelle erkennbar.

Damit sind wir bereits auf den Spuren der Geistheilungen, wie sie je länger je mehr vorkommen und beachtet werden.

Ihr Urheber ist immer die gläubige, voll vertrauende, erwartungsvolle und geradezu auf einen Heilungsbefehl wartende Seele.

Wer es versteht, sich in einen derartigen hoffnungsvollen Zustand zu versetzen, kann Wunder wirken. Schon im Zustand der Hypnose erzeugt sie innerhalb weniger Minuten Brandblasen, wenn ihr gesagt wird, sie halte ein Stück glühendes Eisen in der Hand. Eine tiefe gläubige Seele ist ohne innere Hemmungen und vermag Heilungsbefehle ebenso rasch zu realisieren.

Daraus wird sichtbar, welche großartigen Möglichkeiten sich für diejenigen ergeben, die bereits bewußte Kontakte mit ihr haben, die sie aktivieren können und deren Wünsche sie gerne und willig auszuführen bereit ist.

Nutzen Sie die Kraft Ihrer Seele in dieser Weise zur Beseitigung körperlicher Unregelmäßigkeiten, und nicht nur durch häufige Wiederholungen mechanisch wirkender Heilungssuggestionen, sondern durch ihren bewußten Einsatz!

Alle, die geistige Energien noch nie als die große universale Grundkraft kennengelernt haben, wissen auch nichts von den enormen Kraftwirkungen ihres geistigen und noch mehr ihres seelischen Blickpunktes. Sie betrachten ihn nur als Empfangsorgan für Sinnesreizungen, vergessen jedoch ganz, daß er auch zu einem starken und wirkungsvollen, kraftausstrahlenden Sender gemacht werden kann.

Schon die Kraftwirkung menschlicher Augen ist sehr unterschiedlich. Bei dem einen empfinden wir sie als schwach und nichtssagend, bei anderen hingegen als strahlend und faszinierend. Hier wird die ausgestrahlte Kraft direkt fühlbar, das heißt, sie wird ausgesendet, während sie im ersten Fall nur aufgenommen wird. Ausgestrahlte geistige Energien aber können bereits unmittelbare Wirkungen erzielen, nicht nur als Kraftströmungen selbst, sondern vor allem durch den gedanklichen, gefühlsmäßigen und vorstellungsmäßigen Inhalt. Sobald wir uns daran gewöhnt haben, sie als reale Kraftströmungen anzusehen, wie beispielsweise elektromagnetische Hochs und Tiefs oder Windströmungen, beginnen wir auch damit zu rechnen, daß es in der geistigen Atmosphäre unzählige ähnliche Kraftströmungen gibt – stärkere und schwächere, daß auch wir von vielen getroffen werden und uns gegen sie mit eigenen geistigen Kraftströmungen zur Wehr setzen müssen.

Wenn Sie unsere Situation auch von dieser sehr realistischen Seite her betrachten, werden Sie feststellen, daß auch Sie bisher wohl kaum je daran dachten, mit geistigen Kraftwirkungen zu wirken und bewußte Einflüsse auszuüben, geschweige denn zu versuchen, sich ein Bild über die Kraftvorgänge in der geistigen Atmosphäre zu machen.

Auf diese Erscheinungen wird jeder erst dann aufmerksam, sobald er mit seiner aktivierten und hochempfindlichen Seele derartige Strömungen angenehmer oder unangenehmer Art auf sich zukommen verspürt und unter Umständen gezwungen ist, sie abzuwehren. Als Techniker des Geistigen hat man aber mit solchen Energiewirkungen zu rechnen und Gegenwirkungen zu kompensieren. Auf der Ebene des Geistigen gehört das zum normalen Alltag.

Unter diesen Umständen wird klar, daß auch den beiden Blickpunkten als den Trägern unserer inneren Krafteinheiten große Bedeutung zukommt und daß sie für diese uns ungewohnte Aufgabe entsprechend vorbereitet werden müssen. Als kraftausstrahlende Sender brauchen sie erheblich stärkere Energien, müssen also in diesem Zustand wesentlich enger mit der inneren Kraftzentrale verbunden werden.

Wenn Sie bedenken, daß die aktiven Blickpunkte ja nicht nur empfangsmäßig zu Wahrnehmungszwecken dienen, sondern auch Teilaspekte Ihrer ICHs und Einsatzpunkte Ihrer Persönlichkeiten sind, werden Sie die notwendigen Folgerungen fast selbst erkennen, die für Ihren verstärkten Einsatz als kraftausstrahlende Sender abgeleitet werden müssen.

Als Sender müssen Sie stärker in Ihrer kombinierten Form als ICH in Erscheinung treten, das heißt, als unmittelbar mit der Atem-Kraftzentrale verbundenes Intelligenzzentrum. Wie es z. B. möglich ist, den Blickpunkt in Verbindung mit dem Atemrhythmus kraftzuführend auf erkrankte Körperteile zu konzentrieren, muß es auch möglich sein, ihn in gleichem Kraftzustand auf äußere Objekte, Personen oder Vorgänge zu richten und schon allein durch seine Ausstrahlungen bestimmte Wirkungen zu vollbringen.

Das aber würde heißen, daß wir uns weit mehr als bisher unserer Kraftausstrahlungen und beeinflussenden Fähigkeiten bewußt werden müssen und auch auf unsere Umwelt mit unserem durch den Atemrhythmus verstärkten geistigen bzw. seelischen ICH einzuwirken versuchen sollten!

Gegenüber unserer täglich erlebten Umwelt sind wir geistig ausstrahlende und beeinflussende Kraftfaktoren, müßten uns als solche fühlen und mit unserem Blickpunkt alle Personen oder Dinge kraftmäßig einzuhüllen versuchen. Er sollte also immer mit unserem Atemrhythmus gekoppelt sein. Dann würden auch unsere Augen strahlend wirken.

Nach allen bisherigen Betrachtungen heißt geistigen Einfluß auf Personen oder Dinge der Umwelt auszuüben nur, sie nicht nur anzuschauen, sondern auch kraftmäßig zu beatmen. Der betrachtende Blickpunkt könnte sich also an Ort und Stelle durch Aufnahme des Atemrhythmus verstärken und sein Objekt mit dieser Kraft und den darin ausgeprägten Gedanken und Gefühlen förmlich einhüllen. Auf diese Weise müßten nicht nur kraftmäßige, sondern auch geistige Einflüsse wirksam werden.

Der Vorgang würde sich demnach in folgenden zwei Phasen vollziehen:

1. Der aktive geistige Blickpunkt (unsere Wahrnehmungsorgane) wird zu Wahrnehmungszwecken auf Personen oder Objekte gerichtet und benutzt seinen verhältnismäßig geringen Energievorrat, um sie zu betrachten, zu beurteilen, zu bewerten und urstoffmäßig nachzugestalten.
2. Will er sie nun kraftmäßig oder gar geistig beeinflussen, so braucht er Energieverstärkung, muß also den Atemrhythmus aufnehmen und sich dadurch in ein aktives geistiges ICH verwandeln, das jetzt kraftmäßige oder geistige Beeinflussung in gewollter Weise beginnt. Zum besseren Verständnis hier eine Skizze:

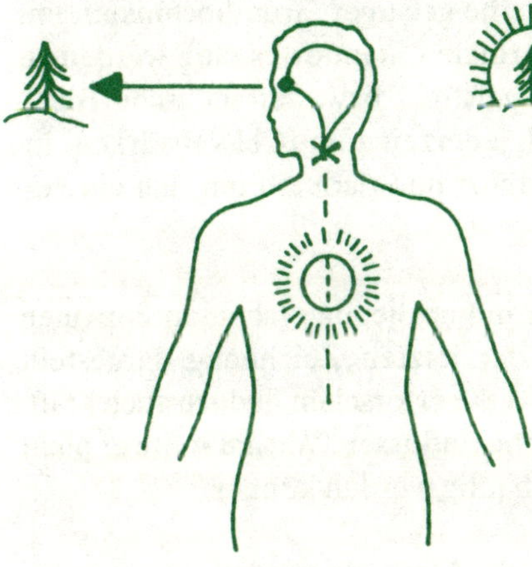

Fig. 8

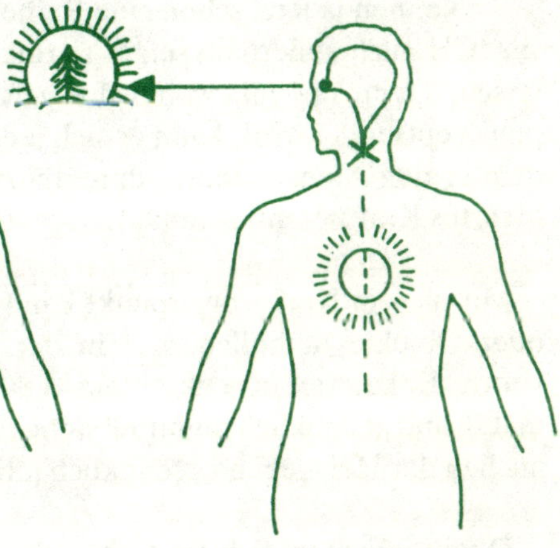

Fig. 9

Technische Durchführung geistiger Kontakte

Haben Sie schon einmal von geistigem und seelischem Herzdenken gehört? – Es ist eine Geistestätigkeit, die ihren Entstehungsherd nicht im Gehirn, das heißt, in der eigentlichen Zentrale des Bewußtseins hat, sondern unmittelbar in der inneren Kraftzentrale, also in der Herzgegend.

Sie kennen ja jetzt schon eine Reihe geistiger Grundtechniken, um Ihr ICH auch außerhalb seines normalen Standortes tätig werden zu lassen. Denn überall, wohin der geistige, bzw. der seelische Blickpunkt entsendet wird, kann er sich jederzeit zum ICH verstärken, indem er den Atemrhythmus durchführt und dadurch um sich ein vermehrtes Kraftpotential anhäuft.

Mit diesem Kraftschwerpunkt kann er die angeschauten Personen oder Objekte umhüllen, wie in der letzten Zeichnung dargestellt wurde. Er kann sie in verstärktem Maße erforschen, jedoch auch kraftmäßig und gedanklich unmittelbar beeinflussen. Warum sollte er nicht auch in der Herzgegend gedanklich tätig werden können?

Damit erweitert sich die technische Methode wieder um einen bedeutenden Schritt. Den ersten Versuch dieser Art wollen wir jetzt in unserer eigenen inneren Herzzentrale unternehmen.

Konzentrieren Sie Ihren geistigen Blickpunkt auf Ihr Herz (Herz-Chakra) und lassen Sie ihn dort den Atemrythmus aufnehmen. Verstärken Sie ihn zu Ihrem geistigen ICH und wecken dessen ICH-BEWUSSTSEIN durch die ICH-BIN-Übung, das heißt, veranlassen Sie es, selbst zu sagen: „Ich bin das aktive ICH!“ Und damit hat es bereits selbst zu denken begonnen. (ASW-Organ)

Es ist erstaunlich, zu erkennen, daß man auch vom Herzen her geistig tätig und voll funktionsfähig werden kann. Daraus läßt sich nur folgern, daß die Denkfähigkeit keineswegs nur an das Gehirn gebunden ist. Ihr eigentlicher Urheber muß also eine andere belebte, aber räumlich ungebundene Substanz sein. Das Gehirn scheint also keine andere Aufgabe zu haben, als die einer Registratur für alle ausgeprägten Bewußtseinseinheiten.

Das Herzdenken bietet auch einige Vorteile:

1. Das Herzdenken vollzieht sich in unmittelbarer Nähe der Atemkraft-Zentrale. Dadurch erweist es sich als intensiver, ergiebiger und potenzierter.
2. Aus dem Bewußtseinsinhalt können hier keine zerstreuenden oder hemmenden Gedanken mehr störend auf den Denkvorgang einwirken.
3. Dann liegt hier, wie aus den vorangegangenen Zeichnungen ersichtlich ist, die Eingangspforte zur seelischen Bewußtseinsform sehr nahe. Damit ist die Möglichkeit gegeben, zusätzlich aus dem Bewußtseinsbestand der Seele vertiefende Inspirationen zu empfangen.
4. Zugleich aber ist durch geistiges Herzdenken für die Seele der Weg geebnet, unmittelbar in die Denkvorgänge einzugreifen oder sie sogar ganz zu übernehmen und selbständig weiterzuführen. Geistiges Herzdenken kann also in seelisches Herzdenken übergehen und damit die seelische Aktivierung wirkungsvoll unterstützen.

Wenn es durchführbar war, eine Methode zu entdecken, vom Herzen her Denkvorgänge vorzunehmen, müßte es ebenso möglich sein, sie von überall her zu praktizieren, soweit der Blickpunkt gesendet werden kann oder soweit die Phantasie reicht. Dadurch erschließt die geistige Praxis bereits den Zugang zum gesamten Universum.

Für einen geistigen Techniker gibt es keine räumlichen Entfernungen mehr, sowohl im irdischen wie im geistigen und auch im universalen Bereich. Und es braucht nur noch wenig, daß Sie über Ihr aktiviertes und aussendbares geistiges ICH, späterhin über Ihr noch viel wirksameres seelisches ICH, überall in den Raum unserer Erde, in die Weiten des Weltalls, aber auch in die Daseinsebenen der geistigen Welt Ihre ausgeprägten Geisteserzeugnisse samt den darin gespeicherten Kraftwirkungen aussenden und wahrnehmbar machen können.

Es braucht allerdings noch eine besondere Technik, um auch von dort und von überall Sendungen oder Rückantworten empfangen zu können, was genauso wichtig ist.

Damit ist auch das große Ziel ganz nahe gerückt, die geistige Welt kennenzulernen und endlich Einblick in ihre Daseinsverhältnisse und Lebensbedingungen zu gewinnen.

Bevor wir weitergehen, wollen wir nochmals kurz zusammenfassen:

1. Wir konzentrieren den geistigen Blickpunkt auf die Nasenwurzel und veranlassen ihn dort, den Atemrhythmus aufzunehmen und auf diese Weise das geistige ICH ganz in Augennähe in einen Arbeitszustand zu versetzen.
2. Ein nächster Schritt besteht darin, Ihren Blickpunkt zu Wahrnehmungszwecken auf Personen oder Gegenstände der Umwelt zu richten, ihn dort ebenfalls durch Aufnahme des Atemrhythmus zum ICH zu ergänzen und mit der vermehrten geistigen Kraftfülle die angeschauten Objekte einzuhüllen.
3. In gleicher Weise können Sie jetzt auch ganz bewußt auf Ihre eigene Seele einwirken und sie aktivieren: Sie konzentrieren Ihren geistigen Blickpunkt auf die seelische Pforte (siehe Seite 79), das heißt, auf die innere Empfangszentrale für alle geistigen Schwingungen und Kraftwirkungen. Dann lassen Sie ihn dort ebenfalls sich durch beginnendes Atmen zum lebendigen ICH ergänzen, begnügen sich jedoch vorerst damit, Ihre Seele zu veranlassen, sich hier ständig aufnahmefähig zu halten.
4. Hier in der hochempfindlichen Empfangsstelle für geistige Einflüsse, also in der seelischen Pforte, müssen Sie ständige Kontakte mit Ihrer seelischen Persönlichkeit halten, müssen Ihr geistiges ICH mit Ihrem seelischen ICH vereinigen, dauernd mit ihm zusammenarbeiten, seine geistigen Übertragungen mitempfangen, jedoch auch mit ihm bewußte geistige Wirkungen auszuüben versuchen.

5. Das aber bedeutet, daß Sie zusammen mit Ihrer Seele auch geistige Kontakte zu anderen irdischen oder geistigen Persönlichkeiten aufnehmen können, und zwar sowohl als Empfänger wie auch als Sender.
   Es würde sogar bedeuten, daß dies der Ort ist, von dem Kontakte in alle Teile des Universums ausgesendet und möglicherweise auch von dort empfangen werden können – selbst zum allerhöchsten göttlichen Prinzip.

Wenn wir diese Gedankenreihe zu Ende denken, erkennen wir, was mit Hilfe der geistigen Technik alles möglich werden kann. Allerdings sind bis dahin noch weite Wege zurückzulegen, obwohl Sie jetzt bereits einen beachtlichen Vorteil genießen gegenüber Ihren meisten Mitmenschen.

Unser nächstes Ziel wäre nun, zu einer gut funktionierenden Zusammenarbeit mit unserer Seele zu gelangen.

Die Hauptkontaktstelle zu ihr ist immer die seelische Pforte (Siehe Seite 79). Sie scheint ihr Hauptzugang zu sein, und zwar deshalb, weil sie hier wahrscheinlich alle von außen kommenden geistigen Schwingungen empfängt und deutet. Von hier schickt sie ihr aktives ICH auch zu Sendezwecken aus, sei es zur Übertragung eigener Geisteserzeugnisse, sei es zu bloßen kraftmäßigen Beeinflussungen und Wirkungen. An dieser Stelle wird sie also am empfindlichsten reagieren und immer erreichbar sein. Hier müssen Sie sich deshalb bei ihr bemerkbar machen.

Die Voraussetzung für den unmittelbaren Kontakt zweier verschiedener Persönlichkeiten kann immer nur ein Vereinigungs-, bzw. Verschmelzungsvorgang ihrer beiden inneren aktiven Leitorgane sein, das heißt, ihrer ICHs. Sobald sich diese miteinander verbunden haben, müssen ihnen gegenseitig alle geistigen Regungen bewußt werden. Was eines dieser ICHs sich vorstellt, denkt oder fühlt, muß auch das andere wahrnehmen.

Hier müssen also alle Verhaltensarten in Erscheinung treten, wie sie unter zwei lebenden Persönlichkeiten üblich sind, denn die ICHs sind ja ihre Repräsentanten. Und da beide in unmittelbarer Berührung stehen, muß auch ein anhaltender Gedankenaustausch möglich sein.

Da die ICHs die Leitorgane zweier verschiedener Persönlichkeiten sind – in diesem Falle der geistigen und der seelischen Wesensform –, müssen sie sich in der seelischen Pforte auch voll aktiviert gegenübertreten. Bei der Seele, die hier ihre ständige Empfangs- und Sendestelle besitzt, wird das dauernd der Fall sein. Für die geistige Bewußtseinsform dagegen, die hauptsächlich im Gehirn tätig ist, ergibt sich die Aufgabe, ihren aktiven geistigen Blickpunkt auf die seelische Pforte zu konzentrieren und ihn dort durch Aufnahme des Atemrhythmus zum geistigen ICH zu verstärken, sich aber dann völlig passiv, rein beobachtend und aufnahmefähig zu verhalten. Ich bin überzeugt, daß dann der unmittelbare gegenseitige Kontakt hergestellt ist. (Auch aus eigener Erfahrung!)

Auf gleiche Weise erfolgt auch die technische Verbindungsmöglichkeit nicht nur zur eigenen Seele, sondern zu allen übrigen geistigen Persönlichkeiten – diesseitigen und jenseitigen.

Es gibt natürlich noch verschiedene Einzelheiten, die Beachtung erfordern, um wirklich erfolgreich zu sein.

Wichtig ist z. B. noch, daß sich im Augenblick der Begegnung beide ICHs im Zustand ihres vollen Bewußtseins befinden, das heißt, daß sie sich bewußt sind, jetzt aktiv tätig werden zu können.

Wichtig ist ferner, daß sie sich nicht nur als Leitorgane zweier Persönlichkeiten gegenüberstehen, sondern zuerst zu erkennen geben, wer sie sind, um kontaktbereit zu sein.

Ebenso wichtig ist, sich nicht nur in Form von Leitorganen oder ICHs miteinander zu verbinden, sondern als ausgeprägte Persönlichkeiten, die gleichzeitig auch ihre charakteristische Haltung und vor allem ihren eigenen Gesichtsausdruck zeigen und sich gerade dadurch erkennbar machen.

Vor allem muß zwischen beiden der Denkvorgang flüssig sein, denn er ist das notwendige Bindeglied und die Voraussetzung zu gemeinsamer Arbeit.

Vorstehende Vorausetzungen sind genau die gleichen wie beim täglichen Umgang zwischen Menschen. Nun wollen wir aber nicht nur uns selbst bemerkbar und geistig produktiv machen, sondern auch entsprechende Rückantworten erhalten. Gerade darin liegt der wichtigste Faktor zur Erforschung der bis heute unbekannt gebliebenen geistigen Welt und zur Beurteilung ihrer Zustände. Alle geistigen Kontakte sollen ja in direktem Dialog stattfinden, denn nur eigene Erfahrungen sind echte Erfahrungen!

Das wird immer der Fall sein, wenn sich die Kontakte nicht nur zwischen den ICHs vollziehen, sondern zwischen den dazugehörenden Persönlichkeiten. Die ICHs sind ja nur die aktiven Leitorgane. Alle charakteristischen und deutlich erkennbaren Merkmale hatten nur den individuellen Persönlichkeiten an, wie sie sich in ihrer geistigen und noch mehr in ihrer seelischen Wesensform widerspiegeln.

Ich werde nun den ganzen Kontaktvorgang nochmals in seine einzelnen Phasen zerlegen und im Verlauf schildern:

Angenommen, Sie wollen innere Kontakte aufnehmen, sei es nun mit Ihrer eigenen seelischen, irgendeiner irdischen oder bereits im Geistigen lebenden Persönlichkeit. Wie bekannt, ist das nur mit Hilfe Ihrer eigenen Seele möglich, weil nur diese über die notwendige Empfindlichkeit für geistige Schwingungen verfügt. (Sie wollen ja eigene Erfahrungen machen!)

Sie haben also folgendes zu tun:

1. Der geistige Blickpunkt wird auf die seelische Pforte gerichtet und beginnt dort rhythmisch zu atmen, wodurch er sich zum geistigen und aktiven ICH verstärkt.
2. Das ICH konzentriert sich jetzt auf den Namen oder das Vorstellungsbild (Visualisierung) der anzusprechenden Persönlichkeit (eigene Seele, irdische oder geistige Persönlichkeit), erfaßt den Namen (oder das Bild) mit seinem Blickpunkt und schließt ihn in seinen fortwährenden Atemrhythmus ein. Name oder Vorstellungsbild sind Symbole und eng verbunden mit ihren dazugehörenden Trägern. Dadurch werden sie bereits zu Kontakt-Vermittlern.
3. Dadurch, daß Ihr ICH diese geistigen Kontakt-Vermittler in seinen Atemrhythmus einbezieht, zieht es bereits ihren dazugehörenden Blickpunkt an. Dieser fremde seelische Blickpunkt wird nun veranlaßt, den Atemrhythmus selbständig weiterzuführen. Dadurch aber verstärkt er sich und entwickelt sich zum fremden seelischen ICH, und zwar in der eigenen seelischen Pforte.
4. Beide aktivierten ICHs stehen jetzt in enger Verbindung. Durch die gemeinsame Fortführung des Atemrhythmus verschmelzen sie sich mehr und mehr. Im eigenen Körper wird nun nach und nach auch die zum fremden ICH gehörige seelische Persönlichkeit wahrnehmbar. Sie markiert nicht nur durch unwillkürliche Be-

wegungen, sondern verändert den Gesichtsausdruck und macht sich durch ihre Eigentümlichkeit erkennbar.

5. Meist beginnen in diesem Stadium bereits Ihre Denkvorgänge. Ist das noch nicht der Fall, so ist Ihr ICH-Bewußtsein durch die ICH-BIN-Übung zu wecken.
   Dann ist auch Ihr Tonfall und der besondere Klang Ihrer Stimme, ja sogar Ihre Haltung und Ihre Gemütsart eine Bestätigung Ihrer Identität. (Bei sehr engagierten und geführten Geistheilern z. B. kann dieser Vorgang äußerlich recht gut beobachtet werden!)
6. Nach diesen ersten kontaktmäßigen Regungen bereits einen ausgedehnten oder gar tiefsinnigen und aufschlußreichen Gedankenaustausch zu erwarten, wäre verfehlt. Sie können sich in natürlicher Weise erst durch fortgesetzte Übungen zu verfeinerten Wahrnehmungen und immer klarer werdenden Eindrücken entwickeln. Anfänglich sollte es genügen, die Methode geistiger Verbindungen erprobt und mit ersten Erfolgen durchgeführt zu haben.

Vielleicht erahnen Sie, was uns eine so vollkommen neue und verblüffende Kommunikationsart eröffnen würde.

Dadurch würden aber auch viele Berichtigungen wissenschaftlicher und religiöser Art unausbleiblich.

Um wieviel Klarheit doch das menschliche Dasein bereichert würde und welchen veredelnden Einfluß diese neue Kontaktart auf alle ausstrahlen müßte!

Versuch einer Expedition ins Jenseits

Ich hoffe, daß es mir bis hierher gelungen ist, Sie einigermaßen von der Realität der geistigen Welt und der Möglichkeit, mit ihr echte Kontakte zu pflegen, zu überzeugen.

Sollten Sie aufgrund der vorstehend beschriebenen Methoden bereits eigene Erfolge erzielt haben, wird es Ihnen um so leichter fallen, unserer gemeinsamen Expedition zu folgen.

Es ist ein positiver Anfang, und Sie können ihn durch Geduld und regelmäßiges Üben bis zur totalen Kommunikation vertiefen.

Mit voranschreitender Praxis werden Sie erkennen, wie großartig die angegebene Methode geistiger Kontakte ist.

Genialer und doch sehr einfach, kann diese Kommunikationsmethode nicht dargestellt und realisiert werden. Zumindest, wenn sich jemand um Verständnis bemüht.

Allerdings ist sie nicht meine eigene Erfindung. Diese Ehre kann ich nicht für mich in Anspruch nehmen. Vielmehr war ich lange Zeit nur das Opfer fortgesetzter Experimente, durch die ich kontinuierlich negativ beeinflußt wurde. Das negative Wirkungsprinzip, welches Sie überall beobachten können, war mein Lehrmeister. Der eigentliche Entdecker ist die Dämonie.

Ich möchte hier noch einmal den Atemrhythmus ausdrücklich betonen. Erst durch eigene Praxis werden Sie in ihm den belebenden Faktor erkennen, der nicht nur die eigene Seele aktiv macht, sondern auch alle anderen Seelen in uns, mit denen wir Verbindung suchen. Mit ihren Blick- und Intelligenzpunkten (Seite 79) könnten wir alleine nichts anfangen, wenn sie nicht erst durch den Atemvorgang die Kraft erhielten, sich erkennbar zu machen. Das steigert die Bedeutung des Atemrhythmus beträchtlich.

Nur das lebt, was auch atmet, sei es nun körperliche, geistige oder seelische Persönlichkeit. Jeder Wiederbelebungsvorgang erfolgt immer über die Atmung. Darum spielt sie in der geistigen Praxis eine so bedeutsame Rolle. Wer das nicht beachtet, wird nie ein geistiger Praktiker werden.

Dadurch wird sichtbar, was für ein lebensnotwendiger Faktor der Atemvorgang ist. Ohne ihn könnte die größte Intelligenz nicht arbeiten. Darum sind es gerade die geistigen Kraftwirkungen, welche bei allen Lebenserscheinungen Aufmerksamkeit erfordern und die eigentlichen Ursachen ständiger Veränderungen darstellen. Das werden Sie als angehende(r) Praktiker(in) auch sehr bald zu spüren bekommen.

Schon bald werden Sie wahrnehmen, daß man auch in geistigen Bereichen langsam bemerkt, wie Sie auf geistige Regungen reagieren. Daß Sie sich bewußt auf Ihre seelische Pforte konzentrieren, seelische Kontakte aufnehmen, mit Ihrer zweiten uralten Wesensform nicht mehr durch ein zeitliches Nacheinander arbeitsmäßig getrennt, sondern durch ein bewußtes Nebeneinander aufnahmefähig geworden sind. Das sind gerade die Leute, welche dort drüben besondere Aufmerksamkeit erregen. Mit ihnen möchte man genau so lebhaft in Verbindung kommen wie umgekehrt von hier zu bestimmten Persönlichkeiten in anderen Daseinsebenen. Denn wie wir Vermittler nach drüben wünschen, so sucht man dort mit gleichem Verlangen nach Vermittlern unter uns!

Mit der Aktivierung der eigenen Seele ist ja die Verbindungstür zwischen der irdischen und der geistigen Welt bereits geöffnet. Die gegenseitigen Beziehungen können ihren Anfang nehmen. Das Kennenlernen beginnt. Die Forschungsmöglichkeiten sind frei. Die große „Expedition“ in die geistige Welt kann also alle ihre vielseitigen Aufgaben in Angriff nehmen, nachdem das Haupthindernis beseitigt wurde.

Sie werden jedoch auch merken, daß es für alle, welche die Möglichkeit einer seelischen Aktivierung kennen, sehr bald nicht nur zu gesuchten, sondern auch zu ungesuchten oder vielleicht sogar unerwünschten Kontakten kommen kann.

Das ist aber eine ganz natürliche Sache. Ein betriebsfertiges Empfangs- und Sendegerät kann jeder benützen. Versuchen Sie nur einmal, sich die Situation von der geistigen Schwingungsebene her vorzustellen: Alle, die dort leben, sind Miniatursender, die ihre Geistesprodukte je nach vorhandener Gesinnung in Kraftpotenzen umwandeln und sie als solche in den Raum auf bestimmte Ziele hinausstrahlen konnen.

Jeder besitzt zugleich auch eine seelische Empfangsstation für diese Schwingungen. Wirklich wahrzunehmen aber vermag sie auch drüben nur derjenige, der bereits über genügend technische Vorkenntnisse verfügt, um sie in sich bewußt werden zu lassen. Das ist nur an den beiden äußersten Polen und ihren Regionen bekannt.

Aber gerade die allerunterste dieser beiden – die dämonische – hat daraus ein Machtinstrument geistiger Überlegenheit entwickelt und benutzt es rücksichtslos als Mittel geistiger Beeinflussungen, völliger Bewußtseinsumwandlungen, zu Bewußtseinstrübungen und -verwirrungen, ja selbst geistiger Vergewaltigungen. Völlig unbemerkt und unerkannt vermag sie damit vor allem bei denjenigen wirksam zu werden, die noch keine derartigen technischen Kenntnisse besitzen. Dadurch hat sie sich für die ganze Menschheit zu einer großen Gefahr entwickelt, zumal sie jede geistige Aufklärung gewaltsam zu unterdrükken sucht. Und es gibt für eine Expedition in die geistige Welt keine wichtigere Aufgabe, als eine Offenlegung dieser unheimlichen Methode und der daraus drohenden allgemeinen Gefahren.

Sie sind mit Ihrem wiederaktivierten seelischen Instrument, das heißt, mit Ihrer seelischen Persönlichkeit, nun für einen wesentlich erweiterten Einflußbereich geöffnet und werden teils mit gewollten, teils mit ungewollten Einstrahlungen zu rechnen haben. (Intensive Selbstbeobachtung wird es Ihnen bestätigen!)

Es handelt sich dabei um von einer anderen Persönlichkeit erzeugte Bewußtseinseinheiten, also Vorstellungen samt den dazugehörenden Gedanken und Gefühlen, in denen bestimmte ausgeprägte geistige Energien wirksam, aber auch übertragbar sind. Infolge erworbener Erkenntnisse und daraus entwickelter technischer Befähigungen werden Sie nun für diese langsam aufnahmefähig. Ihre Aufgabe wird deshalb zunächst darin bestehen, sich auf geistige Kraftwirkungen ein- und umzustellen, denn sie sind die einzige Energieform, mit der auf der Ebene des Geistigen gearbeitet wird.

Das bedeutet, mit kleineren oder größeren geistigen Krafteinheiten umgehen zu lernen, sie nicht nur selbst zu erzeugen und wirksam zu machen, sondern auch empfangsmäßig mit ihren Kraftwerten mathematisch zu rechnen.

In unserem bisherigen Leben sprach man nur von Gedanken und Gegengedanken, von Worten und Erwiderungen, von Argumenten und Gegenargumenten und von Beweisen und Gegenbeweisen. Künftig muß man aber auch von geistigen Kraft- und Gegenwirkungen sprechen. Das ist ein viel umfassenderer Begriff, der sich in alle Geistesrichtungen aufgliedert und am stärksten als – gut und böse – in Erscheinung tritt. (Böse = Unwissenheit!)

Langsam werden Sie nun beginnen, Ihren Bewußtseinsinhalt als ein großes vielseitiges Reservoir von Ihnen selbst ausgeprägten Energieeinheiten anzusehen, ihre lebendigen Wirkungen zu erfassen und ihre daraus resultierenden Zustände zu verstehen, nicht wahr?

Darin ist nichts mehr zufällig, unüberschaubar oder gar unverständlich – im Gegenteil blicken wir auf ein ganzes Heer von geistigen Kraftelementen eigener Prägung und begreifen endlich, daß wir uns und unsere ganze Persönlichkeit mit allen ihren guten oder negativen Eigenschaften allein durch den richtigen und oft auch falschen Gebrauch unserer geistigen Funktionen geschaffen haben!

Aber diese Einsicht wird nun zu einer großen Verpflichtung, denn jetzt müssen wir beginnen, erkannte Mängel und negative, aus dem Bewußtsein rückwirkende Substanzen nach metaphysischen Gesetzen zu schwächen oder gar ganz zu beseitigen, um ihren Einfluß je nach vorhandener Potenz zu neutralisieren.

Andererseits ergibt sich die Notwendigkeit, den positiven Teil, welcher gut, erhebend, friedlich, beruhigend und harmonisch ausstrahlt, durch die kommende geistige Produktion systematisch zu vermehren, bis er sich völlig durchsetzt und in uns jenen ersehnten Zustand der Zufriedenheit oder gar der Seligkeit verwirklicht. Dann erst haben wir uns von unseren Fehlern und Mängeln und den darauf beruhenden Verfehlungen selbst erlöst!

Das alles hat sich aus der bisherigen Unvorstellbarkeit in realistische Kraftwirkungen umgewandelt. Seit Jahrtausenden ist bis auf den heutigen Tag in allen religiösen Veranstaltungen der ständige Aufruf zu hören: Ihr müßt besser, herzlicher, liebevoller, hilfsbereiter und sozialer werden. Aber alle schönen Worte verhallen seit eh und je ohne deutlich erkennbare Wirkungen, weil versäumt wurde und wird, diese vorstellungslosen Begriffe in praktisch durchführbare Vorgänge umzuwandeln und den realen Weg zu ihrer Verwirklichung über gute geistige Krafteinheiten aufzuzeigen.

Es wird Ihnen nun auch klar, daß die beiden Begriffe – gut und böse – selbsterzeugte innere Kraftkomplexe sind, die aus vielen einzelnen Krafteinheiten bestehen und durch Summierung ihre Wirkung erlangt haben!

Aber genau so klar ist auch, daß nur die geistige Krafterzeugung und Energieumwandlung, das heißt, die gesinnungsgesteuerte Denkweise, der erzeugende Kraftfaktor ist. Wer nicht auf seine geistige Produktion achtet, der treibt steuerlos dahin.

Christlich-religiöse Forderungen lassen sich deshalb praktisch nur verwirklichen durch eine ständige Vermehrung edler Kraftpotenzen, durch systematischen Aufbau eines starken und guten inneren Bewußtseinskomplexes und durch qualitative Anhäufung hochqualifizierter geistiger Krafteinheiten.

Diese Darstellung sollte jeder verstehen und verwirklichen können, denn sie arbeitet nur mit Tatsachen. Sie läuft auf eine mathematische Rechnung hinaus, nämlich auf eine stete Summierung selbsterzeugter positiver Energieumwandlungen und Krafteinheiten mittels geistiger Denktätigkeit.

Aber sie ist genau so beachtenswert für alle von außen kommenden Kraftzustrahlungen, denen sich jeder ausgesetzt sieht, der seine hochempfindliche Seele wieder in sich selbst belebt, wiedergeboren und aktiviert hat.

Sehen wir nun, wie wir davon entsprechenden Gebrauch machen können:

1. Alle als gut, verstärkend oder vorteilhaft empfundenen geistigen Kraftzustrahlungen werden natürlich gerne und freudig aufgenommen und als wertvolle Einheiten dem Bewußtsein zugeführt.
2. Was hingegen nachteilig wirkt, das heißt, was beunruhigt, verletzend, zerstörend oder schwingungserniedrigend wirken könnte, ist einer besonderen Behandlung zu unterwerfen, falls es nicht als schädlich ganz zurückzuweisen ist.
3. Diese Sonderbehandlung besteht darin, selbst im Negativsten das Positive und Gute zu suchen, es in den Vordergrund zu rücken, in ihm eine wichtige Erkenntnismöglichkeit zu sehen und es dement-

sprechend zu würdigen und zu bewerten. Damit werden negative Kraftwirkungen in positive umgewandelt, ergänzt und neutralisiert.

4. Bei noch schlimmeren Zustrahlungen kann man nur nach der zuverlässigen und ewig gültigen Aussage verfahren, wie sie die Worte Christi nach Matth. 5,44 enthalten: Liebet eure Feinde; segnet, die euch fluchen; tut wohl denen, die euch hassen; bittet für die, so euch beleidigen und verfolgen! – Das bedeutet, den bekannten oder unbekannten Urhebern dieser mehr oder weniger starken negativen geistigen Zustrahlungen bewußt hochschwingende Gegenströmungen zuzusenden, die ihre Kraft vermindern oder gar völlig brechen.

Metaphysisch gesehen sind das die gesetzmäßigen und richtigen Gegenmaßnahmen, durch die geistige Kraftwirkungen durch Gegenkräfte reguliert und ausgeglichen werden können.

5. Überall, wo böse Kräfte sinnlos zerstören, innerlich vergiften, beunruhigen, lähmen oder Angst und Schrecken verbreiten wollen, da ist die wirksamste Hilfe die Einstellung auf das göttliche Prinzip!
6. Diese Einstellung kann dadurch vollzogen werden, daß in der seelischen Pforte, wo jedes fremde ICH seine negativen Kraftwirkungen entfaltet, „heilige Feuer“ entzündet werden, das heißt, daß der Angegriffene dort seinem Gegner mit einer wahrhaft göttlichen Gesinnung und hochschwingenden Gedanken der Liebe, Güte und Herzlichkeit entgegentritt. Ihre Schwingungen voller Wärme, Ruhe, Gelassenheit und Heiterkeit sind von erstaunlicher und nahezu sofortiger Wirksamkeit, weil ihre kurze Wellenlänge den groben Schwingungsrhythmus des Angreifers schwächt, lähmt und ihn dadurch zum Rückzug zwingt.
7. Von gleicher überraschender Wirkung erweist sich bereits eine bloße Einstellung auf das göttliche Prinzip. Sie kommt einer unmittelbaren geistigen Kontaktverbindung gleich, führt dem Angegriffenen hohe geistige Energieschwingungen zu und vereitelt durch diese hilfreiche Gegenströmungen alle negativen Auswirkungen und Entfaltungsmöglichkeiten.
8. Wichtige technische Maßnahme:
   Das in die eigene seelische Pforte eingedrungene fremde ICH,

welches dort die Seele durch seine negativen Schwingungsfrequenzen und Vorstellungsketten zu beeinflussen oder zu stören versucht, muß daraus entfernt, das heißt, wieder herausgedrückt werden.

Gegen diesen Vergewaltigungsversuch braucht das eigene seelische ICH also Hilfe. Das aktive geistige ICH, welches ihm viel Kraft zur Gegenwehr entzieht, muß also wieder auf die seelische Pforte, wo sich diese Vorgänge ereignen, konzentriert werden und dort einmal durch rhythmisches Atmen starke Kräfte, dann aber auch durch eigene Geistestätigkeit hohe Schwingungen zuführen. Durch Vereinigung des aufgespaltenen geistigen und seelischen ICHs und gemeinsame rhythmisch atmende und geistig produzierende Aktivität wird die seelische Pforte sehr bald von der Anwesenheit des fremden störenden ICHs befreit.

(Siehe untenstehende Darstellung.)

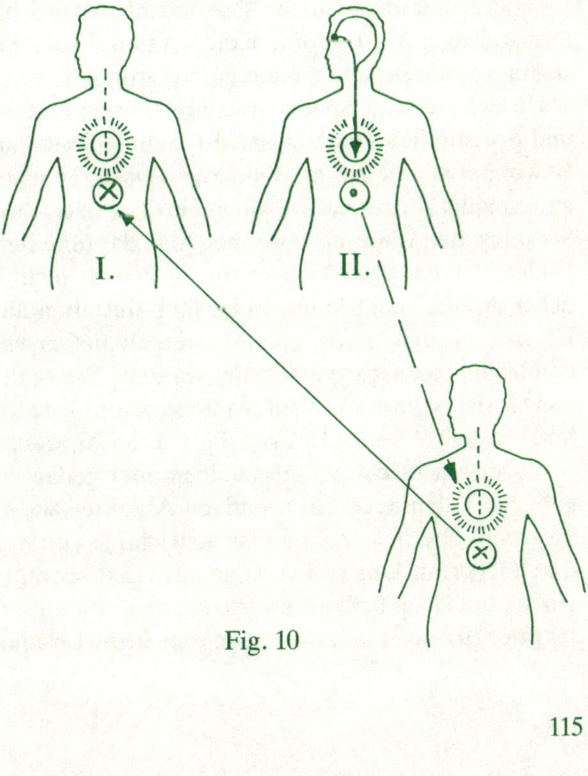

Fig. 10

Diese Vorgänge werfen bereits einiges Licht auf die jenseitigen Vorgänge und Verhältnisse, aber auch auf praktisch angewendete geistige Kraftwirkungen. Sie beruhen auf tiefen Einblicken, vielen eigenen praktischen Erfahrungen und eingehenden Untersuchungen und Folgerungen.

Nun, wir werden sehen, was wir bei Fortsetzung unserer „Reise" ins Jenseits zu sehen bekommen werden.

Das heißt, ob wir dabei etwas „sehen" werden, ist eine Frage, die unsere Seele zu entscheiden hat. Denn sie ist es, welche in jenseitigen Bereichen alleine wahrnimmt und beurteilt, wieviel und auf welchen Wegen sie davon unserer geistigen Bewußtseinsform an Übertragungen zukommen lassen will. Das muß durchaus nicht immer nur durch Gesichtseindrücke geschehen.

Geistige Strahlungen sind eine einheitliche Strahlenart, die je nach Veranlagung hier mehr akustisch, dort mehr visuell oder gefühlsmäßig aufgenommen werden. Sie können trotzdem zu vollständigen Gesamteindrücken führen.

Eine erfahrene seelische Persönlichkeit wird bei der Einführung ihrer geistigen Wesensform in die Vorgänge ihrer Welt immer sehr vorsichtig verfahren, und das aus guten Gründen.

Unsere irdische Sphäre mit ihrer ausgeprägten materialistischen und egoistischen Denkungsart ist eine beliebte Sammelstelle für die Bewohner aller jener meist niedrigen Daseinsebenen, die hier schwingungsmäßig Zutritt haben. Wenn Sie diese Tatsache beachten, werden Sie selbst den Eindruck gewinnen, daß das für einen Neuling, der den Boden der geistigen Welt erstmalig betritt, nicht immer ein erfreulicher Anblick sein kann, wenn ihm Gestalten aus den negativsten Ebenen begegnen. Er könnte dadurch tief erschrecken und stark beunruhigt oder gar verängstigt werden. Die seelische Übertragung von Gesichtseindrücken auf Anfänger kann deshalb oft schädlicher als nützlich sein. (Anm.: Denken Sie z. B. an Alpträume!)

Anders ist es bei gefühlsmäßigen oder gedanklichen Übertragungen. Sie fallen auch bei negativen Aspekten wesentlich milder aus. Trotzdem überliefern sie genau so wichtige und wertvolle Einsichten durch Übermittlung von Vorstellungen und vermitteln zusätzlich noch einen tiefen Einblick in die vorhandene Denkungsart und den Charakter ihrer Erzeuger. Für die Einführung in die Erlebnisspähre der geistigen Welt habe ich aus diesen Gründen volles Verständnis, wenn die seelische Übertragung visueller Eindrücke möglichst weit hinausgeschoben wird.

Vielleicht verstehen Sie jetzt, wie wichtig es bei einer solchen unsichtbaren Nachbarschaft ist, die unsere Straßen oder gar unsere Häuser mitbevölkert, ausgiebig über geistige Wirkungen und Gegenwirkungen unterrichtet zu sein, denn da ständig mit Begegnungen (geistiger Art) gerechnet werden muß, muß auch mit ständigen geistigen Beeinflussungsversuchen gerechnet werden.

Hier liegt eine der verwundbarsten Stellen des menschlichen Daseins, daß die meisten von diesen Dingen nichts wissen und ihnen daher völlig schutzlos und machtlos gegenüberstehen.

Sie sollten nun allerdings keine diesbezüglichen Probleme mehr haben.

Bei geistigen Einwirkungen müssen wir noch zwei Arten unterscheiden: Die quantitative und die qualitative.

Bei der ersten Art wird die Stärke der Einwirkung der Hauptfaktor sein, bei der zweiten hingegen die Schwingungshöhe, bzw. Schwingungstiefe. Meistens wird es sich aber um eine Kombination aus beiden Elementen handeln.

Ein Angreifer ist immer von negativer Gesinnungsart und feindlicher Einstellung. Er kann mit schwachen oder starken geistigen Kraftströmungen wirken, mitunter sogar mit vergewaltigenden geistigen Kräften.

Ein geistiger Helfer aber ist stets von guter oder gar hochgeistiger Gesinnung. Es müßten in diesem Falle schwächere oder stärkere, bis sehr starke geistige Kraftströmungen fühlbar werden.

Beim Betreten anderer Daseinsebenen werden uns gute Helfer immer willkommen sein.

Wir müssen jedoch auch mit feindlichen Angriffen rechnen. Deshalb ist es unerläßlich, sich rein übungsmäßig auf solche Fälle vorzubereiten und sich sowohl gegen quantitative oder stärkemäßige wie auch gegen qualitative oder schwingungsmäßige Attacken zu wappnen.

Technisch gesehen gibt es nur eine einzige Möglichkeit, durch die Sie sowohl starke wie hochschwingende geistige Gegenwirkungen entfalten können, nämlich die, welche ich unter Punkt 5/6+7 erklärt habe. Überall dort, wo unangenehme Einwirkungen fühlbar werden, hauptsächlich aber in der seelischen Pforte, müssen Sie sich mit dem höchsten göttlichen Prinzip verbinden.

Es gibt kein besseres Mittel, denn es wirkt durch seine hohen warmen Kurzwellen auf alle Erzeuger niederer Schwingungen wie ein feuriges Schwert, das sie zum Weichen zwingt.

Stellen Sie sich nur recht oft bobachtend auf Ihre seelische Pforte ein, das heißt, auf Ihre Empfangsstation für geistige Schwingungen. Sie werden dort gewöhnlich zuerst nur graue Nebel wahrnehmen, die sich je nach äußeren Schwingungsveränderungen mitunter verdunkeln oder ganz ins Schwarze verfärben. Das sind immer Anzeichen qualitativ niederer Strahlungserscheinungen.

Ihre Aufgabe bestünde nun darin, sich darauf zu konzentrieren und sie durch eigene Schwingungserhöhung hell oder gar leuchtend zu machen, das heißt, sie also von innen her entsprechend anzustrahlen und zu erhellen.

Oder eine andere Übung: Durch beobachtende Konzentration auf die seelische Pforte werden Sie dort auch quantitative geistige Kraftwirkungen verschiedener Stärkegrade verspüren.

Selbst in diesem Falle besteht die Übungsaufgabe darin, sich durch innere Schwingungserhöhung oder Einstellung auf das göttliche Prinzip so stark positiv ausstrahlend zu machen, daß die fremde Kraftwirkung nachläßt.

Es gibt keine andere Möglichkeiten geistiger Gegenwehr!

Beispiel seelischer Hilfe

Bei meinen eigenen Übungen zur Regulierung geistiger Kraftströmungen hatte ich immer wieder interessante Erlebnisse.

Am Anfang bemerkte ich nichts als nebelartige Erscheinungen. Bald aber sah ich, daß sie unter geistigen Krafteinflüssen standen, denn sie begannen nicht nur ihre Farbe zu verändern, sondern auch wie unter dem Einfluß eines Windes ihre Form zu wandeln. Die Ursache dafür konnte ich nicht gleich erkennen.

Diese wandelbare Masse konnte aber eigentlich nur geistige Urmaterie sein, zwar nicht in ihrem ursprünglichen und noch völlig neutralen Zustand, sondern bereits durch geistige Energieeinflüsse verändert und auch im Augenblick des Anschauens noch weiter willkürlich gestaltet. Es war also geistig beeinflußbarer Urnebel, der sich noch im Vorstadium atomarer Zusammensetzung und Verdichtung befand.

Daneben beschäftigte mich noch eine weitere Frage, nämlich die, wer diese deutlich wahrnehmbaren ständigen Veränderungen vornahm. Sie konnten sich ja nicht mechanisch ereignen, sondern mußten einen Urheber haben.

Die Lösung dieses Problems bereitete keine großen Schwierigkeiten, denn hier kam als einzige Kraftquelle nur meine eigene Seele in Betracht.

Damit wurde klar, daß sie mir etwas zeigen wollte. Ich hatte also nicht nur Kontakt mit ihr, sondern zum erstenmal auch unmittelbare Gelegenheit, sie in ihrer Tätigkeit zu beobachten. Bisher stand ich ihr ja noch als Fremdling gegenüber und mußte auch sie als unbekannte Persönlichkeit ansehen. Nun durfte ich sie in Funktion betrachten, hatte somit Gelegenheit, sie näher kennenzulernen, sie in ihren Willensäußerungen zu überprüfen, ja sogar eine Art Intelligenztest an ihr vorzunehmen.

Es ist eigenartig, was sich an wechselnden Ereignissen alles ander seelischen Pforte abspielt. Hier befand ich mich genau an dem Punkt, von dem ich ihre Tätigkeit verfolgen konnte.

Bevor es zu ersten Eindrücken kam, hatte ich nach der beschriebenen Methode mein seelisches ICH durch Kombination mit dem Atemrhythmus aktionsfähig gemacht, denn es konnte mir ja nur in diesem Zustand Eindrücke vermitteln. Gerade sein atmender Blickpunkt fesselte meine Aufmerksamkeit, weil ich von ihm als Leitorgan alle entstehenden Veränderungen als den Urheber und Ausgangspunkt erwartete.

Nachdem ich sein ICH-Bewußtsein durch die ICH-BIN-Übung geweckt hatte, vermochte ich in der seelischen Pforte sein kraftausstrahlendes und leuchtendes Energiezentrum sehr bald zu erkennen. Schon öfter hatte ich von einem inneren belebenden „Gottesfunken“ sprechen gehört. Hier hatte ich den Eindruck, ihn tatsächlich vor mir zu haben, denn seine Schwingungen waren deutlich zu erfühlen.

Dieses leuchtende Energiezentrum setzte sich bald in Bewegung und begann aufwärts zum Kopf zu wandern. Bald darauf nahm ich die ersten grauen nebelartigen Erscheinungen wahr. Die gegenseitigen Zusammenhänge erkannte ich recht bald.

Das seelische ICH als das Leitungs- und Tätigkeitsorgan der Seele ist ja nur der aktive Teil der ganzen Persönlichkeit, hat deshalb seinen eigentlichen Standort im seelischen Bewußtseinsinhalt, also im Gehirn. Vermutlich geschah diese Aufwärtsbewegung ganz bewußt. Es hatte ja die Aufmerksamkeit der ihr zugehörigen geistigen Bewußtseinsform bereits erregt und wollte sie nun weiter auf die ganze seelische Persönlichkeit konzentrieren.

Nun begann ein interessantes Schauspiel wahrnehmbarer Veränderungen und Wandlungen.

Die grauen Nebel gerieten in sichtbare Bewegungen. Sie fingen an zu fließen, zu ziehen, zu wallen und zu kreisen. Eigene Beeinflussungsversuche unternahm ich in diesem Stadium noch nicht, weil ich zu stark interessiert war, was sich weiter ereignen würde.

Mir schien ein beobachtendes Verhalten durchaus richtig, weil eine Mitwirkung wahrscheinlich sonst die Absichten der Seele gestört hätte, mir bestimmte Tatsachen erkennbar zu machen.

Ich hatte auch nicht vergessen, daß die Seele die Bildsprache bevorzugt, weil sie durch zusammenhängende Situationsvorstellungen ihre Gedanken weit klarer, übersichtlicher und einfacher auszudrücken vermag als durch Worte.

Zwischendurch zeigte sie mir auch ganz klare farbige Flächen, anfangs noch ohne, später jedoch mit inhaltlichen Gestaltungen meist landschaftlichen Charakters. Mitunter wurden sie sogar hell und strahlend, wobei sie gleichzeitig in mir innere Wärmeempfindungen hervorriefen.

Ich betrachte dies als wichtige seelische Belehrungen, denn sie wollte mir vermutlich damit andeuten, daß es helle, erfreuende und hochgeistige Strahlungen gibt, deren Schwingungszahl über der Wärme- und Lichtgrenze liegt.

Plötzlich jedoch bemerkte ich, daß ihre Tätigkeit aufzuhören schien und daß sich jetzt in mein Blickfeld von den Seiten her dunkle Verfärbungen einzuschleichen begannen. Die schönen leuchtenden Farbtöne verschwanden; sie wurden von immer dunkler werdenden Wellen überdeckt und endlich ganz ausgelöscht. Begleitet wurden diese Vorgänge von unerklärbaren negativen, teilweise sogar kalt wirkenden Gefühlsempfindungen.

Auch hierin sah ich wiederum eine belehrende Absicht meiner Seele. Sie versuchte mir damit zu zeigen, daß es auch andere, fremde, von außen kommende negatie und dunkle Kraftschwingungen gibt, die kalt wirken und deshalb eine ganz andere Zusammensetzung und Wellenlänge haben müssen.

Aber nun begannen sich die dunkel verfärbten Flächen in düstere und schwer erkennbare Vorstellungsbilder zu verwandeln.

Auch sie wurden also durch aktive geistige Urheber hervorgerufen. Aber das alles trug jetzt einen völlig anderen Charakter. Was mir gezeigt wurde, waren in die Tiefe führende enge Tunnels und Gänge, die auf mich eine gewisse Anziehungskraft ausübten.

Hier wurden mir ganz charakteristische Merkmale negativster Tendenzen vorgeführt, die alle deutliche Anzeichen dämonischen Ursprungs zeigten, denn alles, was abwärts oder ins Dunkle mündet, stammt aus einem dämonischen Vorstellungsinhalt und deutet bereits reine negative Beeinflussungsversuche an. Sie sind eine deutliche Warnung an jeden, der geistige Ebenen betritt. Zugleich enthalten sie die Mahnung, sich aus einem derartigen negativen Kraftfeld schleunigst wieder zu entfernen, denn derartige Wege können immer stärker in negative geistige Kraftentfaltungen führen. (Jede Meditation birgt Gefahren, die man kennen sollte!)

Ich erinnerte mich rechtzeitig daran, was ich über geistige Kraftwirkungen und entsprechende Gegenwirkungen wußte, und begann damit, mich gegen diese unerfreulichen Einstrahlungen zu wehren und bemühte mich, in einen hochschwingenden und innerlich erwärmenden Schwingungszustand zu gelangen.

Ich muß bekennen, daß dies für mich damals eine schwierige Aufgabe war. Vergeblich versuchte ich meine eigene Seele um Beistand zu bitten – nichts geschah von ihrer Seite. Deshalb begann ich mich aller guten Hilfsmittel zu bedienen und bekannte Sprüche, Verse und Lieder in mir lebendig werden zu lassen. Zum erstenmal fing ich sogar an, über hochgeistige Dinge zu meditieren und mich auf das göttliche Prinzip und eine göttliche Denkungsart zu konzentrieren, was auch sehr bald einen vollen Erfolg brachte.

Was mich besonders daran erfreute, war der selbsterrungene Erfolg gegen negative geistige Gegenkräfte. Er war eine volle Bestätigung nicht nur für die Tatsache existierender geistiger Kraft- und Gegenwirkungen, sondern auch metaphysischer Schwingungen, der überlegenen Wirkung hoher Austrahlungen und der Existenz eines hohen göttlichen Prinzips.

Nur eines erfüllte mich mit Verwunderung, nämlich – warum mir meine eigene Seele, die doch so viel stärker sein soll als ich, in diesem kritischen Augenblick nicht zu Hilfe kam.

Ich konnte mir das nur so erklären, daß meine Seele bereits eine hoch entwickelte und erfahrene Persönlichkeit sein muß, daß sie mir trotz Bitte ihre Hilfe verweigerte und betrachtete ihre Zurückhaltung als eine weitere Erziehungsmaßnahme, um mich zu veranlassen, die Richtigkeit meiner bisherigen Erkenntnisse selbst bis zum errungenen Sieg praktisch zu erproben und überzeugend zu erkennen.

Ich zweifle nicht daran, daß sie durchaus imstande gewesen wäre, mir zu helfen. Sie wollte aber mehr: Dadurch, daß sie sich zurückhielt, war ich gezwungen, meine bisherigen theoretischen Kenntisse an einem selbsterlebten praktischen Beispiel zu erweitern und zu bestätigen.

– Ist das nicht erheblich mehr wert?

Ich fing an, diese Weisheit zu bewundern. Sie hat sich wirklich nicht nur als aktiv und lebendig, sondern auch als klug erwiesen. Durch diese zusammenhängende Erlebniskette bin ich ihr heute noch zu großem Dank verpflichtet.

Heute weiß ich auch, daß die Seele nicht alles übermittelt, was sie wahrnimmt oder erlebt, sondern nur das, was sie mit bestimmten Absichten auswählt.

Darunter können sich Ausprägungen landschaftlicher charakteristischer Merkmale aus den verschiedensten Daseinsebenen befinden oder auch fremde Geisteserzeugnisse ihrer Bewohner, die interessante Einblicke in ihre Mentalität gewähren. Alles das sind wichtige Teilerlebnisse und Ergebnisse, die schließlich zu einem geschlossenen Bild über alle Verhältnisse, Daseinsbedingungen und naturgemäßen Einrichtungen der geistigen Welt und ihrer mannigfachen Bereiche führen.

Es ist eine interessante Art, andere Dimensionen kennenzulernen, denn sie bedeutet, es durch seelisch übertragene Wahrnehmungen praktisch zu erleben. Im Gegensatz zu anderen Expeditionen in unbekannte Fernen ist es diesmal also nicht mit den „Beinen zu durchwandern". Man braucht also weder Gepäck noch Ausrüstungsgegenstände mitzunehmen, geschweige denn Waffen, um sich gegen mögliche Angriffe zu verteidigen.

Durch übertragene Erlebnisse strömt es mit Unterstützung unserer Seele selbst in uns hinein, breitet in unserem Bewußtsein Tatbestände aus und ermöglicht uns, sie zu erleben und sie genau so wie irdische Vorgänge zu eigenen Bewußtseinseinheiten auszuprägen und auszudeuten. Wir werden also keineswegs gezwungen, unmittelbare Wanderungen zu unternehmen, denn das würde voraussetzen, schon jetzt unsere geistig-seelische Persönlichkeit vom Körper zu lockern und zu ihm nur noch in einem labilen Trennungszustand zu verbleiben, was immer gesundheitliche Nachteile mit sich brächte.

Der eigentliche unmittelbar erlebende Wanderer wird unsere Seele sein, und ich bin sogar sicher, daß sie viele Erlebnisse haben kann und wird, ohne sich selbst entfernen zu müssen, weil sie ihr durch fremde ICHs zugetragen werden, das heißt, weil sie ihr unmittelbar zustoßen, so daß sie ihre Geschehnisse direkt übertragen kann.

Wir werden noch sehen, daß uns aber auch bei dieser Methode nichts erspart wird, sondern daß sie sich genau so energisch und eindrucksvoll auswirkt wie sonst.

Unsere Seele führt uns selbst an schwierige Aufgaben heran und zwingt uns zu deren Lösung. Um ein vollständiges Bild jenseitiger Verhältnisse und Zustände zu erhalten, kann sie uns nicht negative Vorgänge, die auch dort vorhanden sind, vorenthalten oder gar verbergen. Wir wären sonst nie imstande, daraus die entsprechenden Folgerungen zu ziehen und die metaphysischen Gesetzmäßigkeiten abzuleiten.

Jeder erlernt stets am meisten durch eigene praktische Erlebnisse. Darauf müssen Sie vorbereitet sein. Gerade wenn sie unangenehmer Art sind, ist der Zwang, sie gründlich auszuwerten, am stärksten. Und mit dieser gründlichen Auswertung meines seelischen Musterbeispiels wollen wir gleich anfangen. Es liefert die durch Selbsterprobung gefestigte Grundlage, der alle späteren Erkenntnisse hinzugefügt werden können.

1. Die Existenz einer formbaren und unter geistigen Einflüssen veränderlichen urstofflichen Materie ist nachweisbar (5), denn ich habe sie als graue, bewegliche und gestaltbare Urnebel wahrgenommen.
2. Deutlich ließen sich auch kraftmäßig verschiedene geistige Energiewirkungen feststellen, deren Überwindung zum Teil erhebliche Mühe bereitete.
3. Auch von der Realität qualitätsmäßig sehr unterschiedlicher Schwingungen geistiger Art konnte ich mich gefühlsmäßig überzeugen, denn die kalt ausstrahlenden, negativen und dunklen Beeinflussungselemente ließen sich erst überwinden, als ich auf sie gute hochschwingende Gedanken und Gefühle konzentrierte.
4. Gerade dieser Vorgang bewies mir die Richtigkeit meiner Erkenntnis, daß es sich dabei um eine bewußte Gegenwirkung durch helle, leichte und warm ausstrahlende geistige Kurzwellen auf dunkle, kalt und belastend wirkende Langwellen handelte, die sie

sowie ihre Erzeuger kraftmäßig schwächten und schließlich zum Rückzug zwangen.

5. Hinter allen kraftmäßig verspürbaren Einflüssen müssen geistige Urheber stehen, deren Energiegestaltungen quantitativ und qualitativ aus ihren Erzeugnissen wahrnehmbar werden. Es kann sich dabei nur um denkfähige, das heißt geistig-konstruktive und schöpferisch tätige Persönlichkeiten handeln.
6. Die geistigen Kraftstrahlungen ihrer Erzeuger können zweifacher Art sein, das heißt, einmal ganz allgemeinen und rein gesinnungsmäßigen Charakters, dann aber auch bewußt und gezielt auf bestimmte Empfänger gerichtet werden.
7. Als allgemeine böse oder gute Vorstellungen mit den dazugehörenden Gedanken und Gefühlen bilden sie zunächst neue Bewußtseinseinheiten ihrer Urheber, strahlen aber auch in die geistige Atmosphäre, und zwar einerseits als negative Kraftwellen, im Sinne von Zerstörung oder Vernichtung beinhaltenden Ideen, andererseits als positive Geisteserzeugnisse mit einem guten, friedlichen, edlen und menschenfreundlichen Kraftinhalt.
8. Als solche können sie sich ähnlich, wie es auch bei jedem einzelnen Bewußtseinsinhalt geschieht, zu gleichartigen großen geistigen Kraftströmungen vereinigen und überall dort, wohin sie atmosphärisch gelangen, in negativem oder positivem Sinne zu wirken beginnen.
9. Diese Wirkungen werden gewöhnlich für die meisten Menschen völlig unbewußter und rein mechanischer Art sein, das heißt, sie werden gerade dort hauptsächlich verspürbar werden, wo sie auf Menschen treffen, die dafür empfänglich sind und schwingungsmäßig die gleiche innere Wertzahl besitzen.
10. Die großen geistigen und atmosphärischen Kraftströmungen entfalten also einerseits innerlich vergiftende, belastende und unheilbringende, andererseits aber auch heilende, helfende, beruhigende und stärkende Energiewirkungen.
11. Da sie sich schwingungsmäßig erheblich unterscheiden und teils als Langwellen, teils als Kurzwellen in Erscheinung treten, müssen diese großen atmosphärischen geistigen Kraftströmungen für alle, die sie wahrnehmen können, entweder als dunkle (graue oder schwarze), kaltwirkende, äußerst unangenehme oder aber

als mehr oder weniger helle, erwärmende und angenehm wirkende Urnebel verspürbar sein.

12. Diese großen atmosphärischen geistigen Kraftströmungen, welche durch die fortgesetzte menschliche Geistestätigkeit ständig gespeist werden und immer neue Nahrung erhalten, werden deshalb zu gewaltigen geistigen Kraftfeldern, die auf alle geistig belebten und lebendigen Daseinserscheinungen unmittelbare Wirkungen ausüben. Alles, was kraftempfindlich und kraftabhängig ist, wie die gesamte Natur einschließlich Tier- und Pflanzenwelt, steht unter ihrem gewaltigen Einfluß.
13. Je nach dem Querschnitt menschlicher Denkungsart müssen deshalb zeitlich veränderliche günstige oder ungünstige allgemeine Auswirkungen erkennbar werden, das heißt Epochen allgemeinen Aufstiegs oder Niedergangs einteten.
14. Entsprechend ihren negativen oder positiven Kraftwerten verursachen diese von der durchschnittlichen menschlichen Denkungsart gespeisten atmosphärischen Geistesströmungen nicht nur kleine und rein persönliche, sondern auch große, sich auf die Naturerscheinungen erstreckende Auswirkungen. Sie werden also nicht nur die atmosphärischen Vorgänge, sondern auch die örtlichen Witterungsverhältnisse und die gesamte Vegetation günstig oder ungünstig beeinflussen und mit großer Wahrscheinlichkeit auch als sogenannte Naturgewalten in Erscheinung treten. Mit anderen Worten würde das bedeuten, daß sie auch auf die lebendigen Kräfte tätiger Vulkane, unterirdischer Spannungen, physikalischer Druckverhältnisse und anderes mehr zwangsläufig wirksam werden und deshalb die Neigung zu Katastrophen wie Vulkanausbrüchen, Erdbeben, Dürreperioden, Überschwemmungen, Orkane und Wirbelstürme wesentlich beeinflussen müssen.

15. Für die Steuerung, bzw. unmittelbare Auslösung oder Verstärkung dieser Naturkräfte erkenne ich tatsächlich keine anderen Gründe oder überzeugenderen Erklärungen als diese durch menschliche Geistestätigkeit und Energieausprägungen zu gewaltigen geistigen Hochs oder Tiefs gesammelten negativen oder positiven Kraftströmungen.

16. Ja, ich meine sogar zu erkennen, daß die Menschheit durch ihre Fähigkeit eigener Ausprägung geistiger neutraler Energiebestände in entsprechende gute oder üble Produkte der größte regulierende und bestimmende Kraftfaktor unserer irdischen Daseinsebene geworden ist. Als große Einheit gesehen, besitzt sie ein ungeheures geistiges Kraftpotential – weiß aber leider nicht, es durch richtigen Gebrauch und gute gesinnungsmäßige Denktätigkeit in vorteilhaftester Weise zu verwenden!
(Glaube kann Berge versetzen oder Katastrophen herbeiführen – was oft vergessen wird!)

Zum Schluß wollen wir noch versuchen, die gesetzmäßigen Ableitungen über direkte und gezielte persönliche Kraftstrahlungen festzustellen:

17. Allgemeine geistige Kraftströmungen sehe ich, bildhaft gesprochen, als atmosphärische Schwebestoffe an, die überall dort zu wirken beginnen, wo sie von wesensverwandten und bereits vorhandenen Geisteskomplexen angezogen werden. Sie müssen nicht unbedingt, aber können dort in Funktion treten.
Anders hingegen ist es mit bewußt ausgesendeten und auf bestimmte Personen gerichteten geistigen Kraftprodukten. Das erzeugende ICH des Urhebers hat hier ein bestimmtes Ziel und eine bestimmte Absicht im Auge. Sein Blickpunkt ist bereits darauf konzentriert. Er steuert es an, nimmt mit ihm Kontakt auf und überbringt die ihm zugedachten geistigen Produkte samt den darin gespeicherten Kraftpotenzen unmittelbar – sei es nur in der wenig wirksamen Form des Blickpunktes, sei es in der verstärkten Form eines durch rhythmisches Atmen verstärkten ICHs oder sei es gar in der wirksamsten Form einer seelischen Gesamtpersönlichkeit.

18. In den beiden letzten Fällen ist er nicht nur ein Übermittler oder Bote, sondern ist durch seine direkte Anwesenheit in der Lage, an Ort und Stelle eine neue eigene Kette von Vorstellungen zu produzieren und wirksam werden zu lassen. Ich habe jedenfalls deutlich kraftmäßige Widerstände gegen meine Bemühungen wahrgenommen, finstere Strömungen zu verdrängen und durch eigene hellere zu ersetzen.

19. Dieser Widerstand zeigte an, daß er bewußter Art war und deshalb von lebendigen und mit geistigen Energien arbeitenden Urhebern ausging. Die unsichtbaren Widersacher machten das durch immer neue Anstrengungen sichtbar. Ich bin deshalb überzeugt, daß es auch eine unsichtbare, mit geistigen Kraftwirkungen arbeitende Welt gibt.
20. Da diese Widerstände die charakteristischen Merkmale der Finsternis trugen und erkennbar machten, daß sie zerstören und hinunterziehen wollten, also in negativem Sinne zu wirken versuchten, steht weiterhin fest, daß es geistige Daseinsebenen darin mit negativ beeinflussenden Bewohnern geben muß.

Für alle Expeditionen in die Welt geistiger Erscheinungen besteht die größte Schwierigkeit immer nur in der Einführung und in der praktischen Vorbereitung. Alles andere vollzieht sich dann von selbst durch seelische Mitwirkung und eine darauf folgende Fülle persönlicher Erlebnisse. Aus diesen ergeben sich dann die ständigen Bereicherungen, Erweiterungen und Vervollständigungen der bisherigen lückenhaften Weltanschauung.

Das negative Wirkungsprinzip

Bei allen Versuchen, in die Geistige Welt vorzudringen, muß der Betreffende mit negativen Beeinflussungsversuchen rechnen. Das ist eine unumstößliche Tatsache, die zwar von vielen bestritten oder doch zumindest bewußt ignoriert wird, vermutlich ganz einfach deshalb, weil sie unangenehm ist.

Es gibt jedoch ein negatives Wirkungsprinzip, die Dämonie, genau wie es auch das Gegenteil gibt – das göttliche Prinzip. Daran läßt sich nichts ändern, und es kann auch mit positivem Denken oder anderen psychologischen Methoden oder Maßnahmen nicht weggewischt werden. Daran sollte jeder denken, der irgendwelche Versuche unternimmt, sein Unterbewußtsein oder eben seine Seele wieder zu aktivieren. Obwohl diese absolut positiv zu werten sind, bergen sie eben auch Gefahren und können zu völlig unerwünschten Ergebnissen führen, die zu ungewollten Entwicklungen im psychischen Bereich beitragen.

Bei meinen eigenen Experimenten mußte ich diese Erfahrung immer und immer wieder machen. Sobald ich meinen geistigen Blickpunkt auf die seelische Pforte konzentrierte und ihn durch den Atemrhythmus zum ICH verstärkte, dauerte es jeweils nicht lange, bis ich bemerkte, wie sich in meinem ICH kreisende, unregelmäßig wallende graue Nebel bemerkbar machten, um meine Aufmerksamkeit zu erregen.

Anfänglich, so glaubte ich, ging dies von meiner eigenen Seele aus, die sich bemerkbar machen wollte. Ich verfolgte das Geschehen, fühlte aber gleichzeitig, daß es fremde Einflüsse sein müßten und bald etwas geschehen würde.

So war es auch. Ich spürte immer deutlicher, daß von irgendwoher vesucht wurde, meine Experimente zu stören und mich bewußt daran zu hindern.

Das sollte jedoch auch Sie bei Ihren Versuchen nicht weiter aufregen. Wer solche Verbindungen sucht, erregt immer Interesse und Aufmerksamkeit in der geistigen Welt. Es sind aber keineswegs immer nur harmlose, sondern recht oft sogar unliebsame Kontaktversuche. Sie erfüllen die Aufgabe, diejenigen Menschen ausfindig zu machen, die für geistige Wahrnehmungen empfänglich sind, zugleich aber diese Verbindungen zu stören oder nach Möglichkeit ganz zu unterbinden. Gelingt ihnen das nicht, werden die Anstrengungen verstärkt.

Diese Störversuche könnten eigentlich als Fehler im Schöpfungsgedanken bezeichnet werden. Sie behindern doch die wichtige geistige Verbindung bewußt, was wenig Sinn zu ergeben scheint.

Es gibt in der geistigen Welt bestimmte Regionen, die sehr stark daran interessiert sind, allen irdischen Menschen unter allen Umständen den Zugang zu ihrem überlegenen Wissen und Können im Umgang mit geistigen Energien und geistiger Technik zu verwehren. Sie betrachten dieses Wissen über die Anwendung der universalen Geisteskraft als ihr Vorrecht und als streng gehütetes Geheimnis, das nicht für die irdischen Menschen bestimmt ist, obwohl gerade dieses Wissen jedem, der denken kann, die größten Dienste leisten müßte, um endlich die schädlichen Folgen eines ständigen Mißbrauchs seiner geistigen Produktion durch die Erzeugung negativer Kraftpotenzen zu unterbinden.

Dieser Widerspruch machte auch mir lange zu schaffen, und ich möchte deshalb versuchen, Ihnen meine eigenen Erfahrungen sachlich und logisch begründet zu vermitteln.

So, wie ich mich heute über diese Vorgänge äußere, hätte ich es vor meinen Erlebnissen auch nicht gekonnt. Erst die Erkenntnis über die enorme Bedeutung geistiger Energiewirkungen hat nicht nur mein Urteil, sondern auch meine persönliche Einstellung und mein Verhalten grundlegend verändert. Ich begann meine geistige Produktion sorgfältig zu überwachen, nachdem ich entdeckt hatte, welchen gewaltigen Schaden man in seinen Bewußtseinsverhältnissen durch ständige Erzeugung schädlicher Kraftsubstanzen anrichten kann.

Diese neue Bewertung war es ja, der ich die verspürten geistigen Widerstände zu verdanken hatte. Das waren die ersten praktischen Beweise von der Existenz eines besonderen geistigen Machtsystems, das solche positiven Entwicklungen nicht wunscht und sie gewaltsam zu unterbinden sucht. Bei intensivem Nachdenken werden Sie sicher feststellen, daß auch Sie schon in irgendeiner Weise damit in Berührung gekommen sind.

Mit dem Fortschreiten meiner Versuche spürte ich eine erhebliche Verstärkung negativer Vorgänge. Ich spürte den Versuch, mich in meinen Bemühungen zu behindern, fast körperlich, als würde ich tatsächlich genau beobachtet. Nur mit einiger Anstrengung gelang es mir, langsam davon loszukommen. (Unbestimmte ständige Angstgefühle z.B. sind ein konkreter Hinweis auf negative Krafteinwirkungen.)

Alle diese Vorgänge verfolgte ich mit steigendem Interesse und suchte nach sachlichen Erklärungen dafür. Es war nicht immer leicht, ruhig und gelassen zu bleiben bei diesen Auseinandersetzungen, wenngleich ich genau wußte, welche Gegenmaßnahmen zu treffen waren.

Nachfolgend möchte ich meine Erkenntnisse folgerichtig zusammenfassen:

21. Bei näherer Betrachtung dieser äußerst negativen geistigen Daseinsebene stellt sich heraus, daß es ihren Bewohnern in erster Linie darum geht, allen irdischen Menschen den Zugang zum Wissen über die Bedeutung fundamentaler geistiger Energien völlig zu versperren.
22. Da dieses Wissen zu einer wesentlich verbesserten Denkungsart, zu einer Gesinnungsveredlung, zur Vermeidung negativer Energieumwandlungen, zur Unterbindung negativer Potenzanhäufungen und Komplexbildungen, zu einer ständigen Erhöhung der inneren Wertzahl und letztlich zu einer steten Verbesserung des gegenseitigen Zusammenlebens sowie aller bestehenden Daseinsverhältnisse führt, muß allen Anhängern des negativen geistigen Prinzips diese Entwicklung unerwünscht, ja für ihren Fortbestand gefährlich erscheinen.
23. Als einziger Beweggrund für ihr feindseliges Verhalten ist nur erkennbar, daß ihnen der Zustand menschlicher Unwissenheit zur

Durchführung ihrer eigenen Absichten für zweckmäßiger und günstiger erscheint.

24. Daraus geht hervor, daß sie eine gewaltige Interessengemeinschaft darstellen, der es darauf ankommt, die Daseinsbedingungen absichtlich zu verschlechtern, den menschlichen Aufstieg, eine friedliche Höherentwicklung und eine volle Entwicklung glücklicher Zustände bewußt zu verhindern, somit also allen göttlichen Absichten bewußt entgegenzuwirken! – Eine derartige Interessengemeinschaft mit ausgesprochen negativen Zielen und zerstörenden Tendenzen nennen wir den Dämonismus.

25. Die gewaltsame Verhinderung einer Verbreitung geistwissenschaftlicher Erkenntnisse erfolgt sichtbar noch aus einem anderen Grunde: Sie vermitteln außerdem ein überlegenes Wissen über geistige Kraftwirkungen, über unsichtbare und kaum erkennbare geistige Beeinflussungsmöglichkeiten, von Bewußtseinsgestaltungen durch Zuführung fremder Bewußtseinseinheiten, von heimlichen Verstärkungen negativer, gewalttätiger, materialistisch ausgerichteter Geisteskomplexe, die nicht nur geistige Vergewaltigungen und Verwirrungen erlauben, sondern auch eine unsichtbare Lenkung großer irdischer Ereignisse wie Disharmonie, Revolutionen, Kriege, politischer Gegensätze usw.

26. Geistiges Wissen und eine mit äußerster Genauigkeit aufgebaute geistige Technik stellen also ein außergewöhnliches Machtmittel dar, nicht nur Einzelschicksale, sondern sogar Weltereignisse zu verändern oder zu veranlassen. Sie sind deshalb Mittel größter Machtentfaltung und die tragende Säule eines Gewaltsystems, das mit ihrer Hilfe ein überdimensionales sichtbares und unsichtbares Gewaltreich errichtet hat.

27. Dieses Gewaltreich rekrutiert sich aus den Bereichen jener menschlichen Wesen, die sich noch nie selbst mit der Problematik von Sinn und Zweck ihres Daseins auseinandergesetzt haben. Aus Unwissenheit können sie sich deshalb gegen fremde unsichtbare geistige Einwirkungen nicht wehren und können in dämonischem Sinne gelenkt und zu menschenfeindlichem Verhalten veranlaßt werden.

28. Wenn dieses Gewaltsystem zuließe, daß die von der Verwendbarkeit geistiger Energien noch Unwissenden Kenntnis erhielten,

dann würde es die einzige tragende Säule dieses Machtsystems zerstören, müßte künftig mit Gegenwirkungen und energischen menschlichen Aufklärungs- und Schulungsversuchen, also mit einer fortschreitenden Beeinträchtigung seiner Machtmittel und dem unausbleiblichen Untergang rechnen.

Die Dämonie verfügt also nur über eine einzige sehr beschränkte Existenzbedingung und verliert durch menschliche Aufklärung über okkultes Wissen und geistige Technik ihre einzige Existenzgrundlage.

29. Unter diesen Umständen ist ihr Verhalten gegenüber allen denen, die geistige Forschung betreiben, die durch besondere Veranlagung bereits seelisch gelockert und für geistige Wahrnehmungen aufnahmefähig sind, die also mehr oder weniger tiefe Einblicke in geistige Vorgänge und Zustände erhalten können, voll verständlich und als reiner Selbsterhaltungstrieb eines dämonischen Prinzips anzusehen.

30. Die Dämonie kennt daher keine Gnade, sondern nur geistige Unterdrückung, Bedrohung, Einflößung beständiger Furcht, geistige Verwirrung oder völlige Vernichtung. Daraus erklärt sich ihr ganzes Verhalten.

Freilich sind das nur erste Anfänge, den Dämonismus als Gesamteinheit zu erklären. Später werden wir ihn auch in Verbindung mit dem göttlichen Problem sehen und beurteilen müssen.

Es gehören noch wesentliche Ergänzungen dazu, die nicht nur seine Methode und Technik, seine vielseitigen Mittel, seine Mentalität, seine Aufgaben im Rahmen der ganzen Schöpfung, besonders jedoch für die menschliche Entfaltung, aufzeigen werden.

Ich will hier nicht vorgreifen, sondern nur das zu klären und mit persönlichen Erlebnissen zu belegen versuchen, was allein durch besondere Umstände zu entdecken ist.

Zuerst muß die Frage beantwortet werden, wo sich das Reich der Dämonie befindet.

Die geistigen Vorstellungsübertragungen negativer Beeinflussungsversuche zeigen es schon an, denn alle haben die Tendenz nach unten, in die Tiefe, ins Dunkle oder gar ins Schwarze – also ins Erdinnere.

Manchem mag dies als unvorstellbar und unmöglich erscheinen, daß sich die geistigen Bereiche auch nach dieser Richtung ausdehnen können. Die Erdmaterie kommt vielen als undurchdringlich vor. Deshalb werden wahrscheinlich auch sie diese Vorstellung belächeln.

Unsere Erdmaterie ist aber weit davon entfernt, als eine stofflich völlig ausgefüllte Masse zu gelten. Schon jedes seiner Atome und Moleküle erweist sich ja als ein nahezu leerer Raum mit einem kleinen massiven Atomkern und winzigen, ihn in weitem Umfang umkreisenden Elektronen, ähnlich wie das riesige Beispiel unseres Sonnensystems. Es ist ja nur eine Konstruktion aus Urstoffelementen der ersten Verdichtungsstufe, kann deshalb ohne Schwierigkeiten von allen aus Urstoff bestehenden Wesenheiten im allgemeinen durchdrungen werden, ebenso wie die körperliche Materie von unserer geistig-seelischen Bewußtseinsform durchdrungen wird.

Ich hoffe, daß Sie dieser Begründung vorerst folgen können. Trotzdem besteht die Frage, was die während meiner Experimente auftauchenden und abwärtsführenden Gänge und Tunnels für eine Bedeutung haben. Könnten sie anzeigen, daß es für Bewohner niedrigster Regionen auch gewisse räumliche Beschränkungen geben muß?

So ist es tatsächlich, und zwar aus metaphysischen Gründen. Auch die geistige Materie wird ja je nach dem Charakter ihrer schwingungs- und gesinnungsmäßigen Ausprägungen in sehr unterschiedliche Produkte umgewandelt, teils feinerer, teils gröberer Substanz. Zwischen hochgeistiger und rein materieller Denkungsart bestehen gewaltige Unterschiede, die sich auch in ihren Erzeugnissen erheblich differenzieren. Je niedriger die Schwingung, um so schwerer die Masse und um so dichter die Konsistenz. Niedrige Schwingungen, Masse und Konsistenz aber ziehen nach unten, nicht nur ihre Erzeugnisse, sondern auch ihre Erzeuger.

Es hängt somit vom Grade der materialistischen Einstellung schöpferisch tätiger Persönlichkeiten ab, wie schwer und wie dicht ihre geistige Substanz ist. Ob sie also noch fähig ist, atomare Materie der zweiten Verdichtungsstufe zu durchdringen oder nicht.

Daraus können wir folgern, daß die untersten Gesinnungsgrade egoistischer und materialistischer Art so grobmaterielle Produkte erzeugen, daß sie die Erdmaterie nicht mehr durchdringen können und auf vorhandene Durchlässe angewiesen sind.

Auch den Bewohnern der Erdstufen braucht es keinesweg an Intelligenz zu fehlen, sondern nur an einer qualifizierten Gesinnungsrichtung. Überall dort, wo sich das menschliche Denken ausschließlich auf die eigene Person konzentriert, wo es nur noch materielles Besitz- und Machtstreben kennt, wo es zu anderen auf diese Weise in härteste Gegensätze gerät, sich ständig wehren und schützen muß und sich nur noch mit Zwangsmaßnahmen und Gewaltanwendungen durchzusetzen vermag, da ist der innere Produktionsprozeß an Vorstellungen, Gedanken und Gefühlen bereits total vergiftet und muß sich zunehmend verhärten. Von entsprechenden Entwicklungsgraden an wird dämonisches Empfinden und Denken immer verhärteter und massiver – Vorgänge, die sich schon an irdischen Beispielen bestätigen lassen!

Die geistige Welt ist ein großes Musterbeispiel aller inneren Entwicklungsmöglichkeiten und Grade. Was sich im irdischen Bereich unauffällig nebeneinander vollzieht, tritt dort schwingungsbedingt in immer abweichenderen Daseinsebenen unübersehbar in Erscheinung. Daraus läßt sich ableiten, daß alle Vorstellungsübertragungen dunkelster Farbtönungen und abwärtsführender Tendenzen aus den untersten Entwicklungsbereichen menschlichen Denkens stammen, das heißt also von der Dämonie und ihren Bewohnern herrühren.

Wenn wir nun versuchen, aus diesen übertragenen Bewußtseinseindrücken ein Bild des natürlichen Charakters dieser Regionen zu entwerfen, so bieten sich dafür genug Anhaltspunkte. Dabei sollten wir aber nicht übersehen, daß gerade die dort lebenden Bewohner schöpferische Umwandler geistiger Energien sind, und zwar durch ihre fortwährenden Denkprozesse, daß ihre geistigen Kraftprodukte also ständig in ihre unmittelbare Umgebung ausstrahlen und kraftwirksam werden, deshalb auch den äußeren Charakter dieser Ebenen negativsten Daseins entscheidend ausprägen müssen.

Sicher ist, daß die inneren Bewußtseinszustände aller Bewohner dämonischer Vorstufen z.B. so beschaffen sind, daß sie sich als Falschheit, Heuchelei, Verschlagenheit, Hinterhältigkeit und Gewalttätigkeit äußern. Die sich daraus ergebenden üblen Kraftpotenzen und Komplexe tragen deshalb den Charakter des Unberechenbaren, Gefährlichen, Geheimnisvollen, Verletzenden und Unerkennbaren. Ihr Potential kann also durch seine Kraftausstrahlungen nur jene Naturerscheinungen unterstützen, die ähnliche Züge tragen.

Ich bin deshalb davon überzeugt, daß in den dämonischen Vorstufen schon ein landschaftliches Gepräge besteht, welches diese Wesenseigenschaften ausdrückt. Es muß öde, felsig, gefährlich und tückisch beschaffen sein und damit den Merkmalen seiner Bewohner Rechnung tragen.

Wie es noch weiter unten in rein dämonischen Bezirken aussieht, kann ich mir lebhaft vorstellen.

Die inneren Verhärtungserscheinungen ihrer Bewohner werden dort entwicklungsmäßig so massiv, daß eine stoffliche Durchdringung atomarer Materie nicht mehr möglich ist. Sie sind deshalb auf Durchlässe und Verbindungen zu großen höhlenartigen Gebilden angewiesen, wie es immer wieder aus ihrem Vorstellungsinhalt übertragen wird. Daraus hat sich ein gewaltiges zusammenhängendes System entwickelt, in dem die charakteristischen Wesenszüge der Elemente deutlich sichtbar werden. Was bereits als schöpferisches Element und als Ergebnis der vorhandenen Denkweise in den Vorstufen erkennbar wurde, kommt hier in noch weit stärkerem Maße zum Ausdruck als Finsternis, nur durch die leidenschaftliche Glut ihrer Erzeuger düster erhellt: Heimtücke, Gewalttätigkeit und Härte.

Wer sich nun vorzustellen versucht, welche Daseinsverhältnisse in diesen tiefsten Dimensionen herrschen, unter Bewohnern aller negativen, bis in ihre extremsten Entwicklungen ausgeprägten Charaktere, jede spezielle Richtung noch dazu in gesonderte und aufeinander angewiesene Gruppierungen zusammengefaßt – kommt langsam der vollständigen Definition des Begriffes „Hölle" nahe. Wo in einem System Lügner auf Lügner, in einem anderen Heuchler auf Heuchler, oder Gewalttätige, Boshafte, Hartherzige oder Mörder auf ihresgleichen treffen, da wird einer zum ärgsten Feind des anderen und zum Urheber seiner Pein.

Und doch liegt System in dieser Anordnung, ja sogar eine deutlich erkennbare Absicht!

Alle, die hier leben müssen, sind Gescheiterte und am Ende ihres Lateins. Von ihren einseitig entwickelten inneren Kraftkomplexen werden sie total beherrscht, besessen gemacht und ununterbrochen gezwungen, sich in ihrem Sinne weiter zu betätigen. Diesen ausgeprägten inneren Zwangszuständen zu entrinnen, ist außerordentlich schwer. Sie rufen ständige leidenschaftliche Auseinandersetzungen mit ihresgleichen hervor und führen zu gegenseitigen Gewaltanwendungen und Quälereien. Aber – es liegt System darin! System und Absicht!

Man sollte meinen, aus diesen unerträglichen Daseinsverhältnissen sei kein Entrinnen mehr möglich und die unterste Entwicklungsgrenze menschlichen Daseins erreicht.

Diese Ansicht ist ein Irrtum! Erreicht ist nur ein Zwangszustand, der allmählich total zermürbend wirkt und nur noch einen einzigen Ausweg läßt!

Allerdings ist der Aufstieg mühevoll und geht nur langsam vor sich. Der Zustand gegenseitier Gewalttätigkeit führt noch lange nicht zu diesem Aufstieg, denn er läßt keinem Zeit, die wirklichen Ursachen seines Abstiegs und die einzigen Möglichkeiten seines Wiederaufstiegs zu entdecken. Er läßt überhaupt nur eine einzige Möglichkeit – nämlich diesem Hexenkessel zu entrinnen, und zwar durch die erzwungene Bereitwilligkeitserklärung, dem dämonischen Prinzip zu dienen und sich seinen Prinzipien bedingungslos zu unterwerfen.

Die „Einsperrung" in diesen Daseinsebenen, und zwar ausgerechnet unter Gleichartigen, ist nur als eine auf zwangsmäßige Unterwerfung bedachte Vorschulung anzusehen. Ein raffiniert erdachter Trick und ein genial erdachtes tyrannisches Zwangssystem.

Wer aus ihm hervorgegangen ist und es lange Zeit hindurch ausgekostet hat, ist innerlich so voller leidenschaftlich angehäufter Wut, ist so gereizt und aufgestachelt, daß es ihn zwingt, seinen Groll an anderen abzureagieren.

Das macht aus ihm einen glühenden und gehorsamen Vertreter des negativen Prinzips und gibt der Dämonie einen von allen gemeinsam empfundenen inneren Zusammenhalt. Für diese endlich wiedergewonnene kleine Freiheit und Betätigungsmöglichkeit ist jeder bereit, den eigenen Willen zu opfern und sich nur noch dem Willen dieses Prinzips und seiner Beherrscher unterzuordnen. Ein gut durchdachtes Gewaltsystem!

Aber dennoch hat es eine schwache Stelle. Es funktioniert nämlich nur so lange, wie die Menschheit die Grundlagen geistiger Macht, geistiger Beeinflussungs- und Unterwerfungsmethoden, geistiger Technik und hochgeistiger Gegenwirkungen nicht kennt.

Sobald dieses wichtige Geheimnis ihm verloren gegangen und menschlich wiederentdeckt worden ist, geht zwangsläufig seine Macht und seine beherrschende Gewalt zu Ende.

Nun fehlt noch eine wichtige Erklärung, nämlich die, welche Verwendung dieses gewaltsam gewonnene unerschöpfliche dämonische Potential findet.

Auch hier läßt das dämonische Zwangssystem außerordentlich raffiniert durchdachte Vorsichtsmaßregeln erkennen: Jeder wird durch jeden kontrolliert, beherrscht und unterdrückt. Jeder muß ständige Beweise seiner Ergebenheit und Systemtreue ablegen. Daraus entsteht ein gut funktionierendes Nachrichtensystem, aber wichtig sind nur die, welche bereits fähig sind, geistige Wirkungen zu erzeugen und geistige Technik anzuwenden.

Es braucht also auch geeignete Bildungsstätten, in denen alle, die dafür geeignet erscheinen, eine gründliche Ausbildung über alle Probleme der Geistwissenschaften, der Anwendbarkeit und Entstehung geistiger Kraftpotenzen, geistiger Komplexe, geistiger Aussendungen, Beeinflussung, Bewußtseinsumwandlungen, inspirativer Wirksamkeit und sämtlicher Ausübungsmöglichkeiten geistig-technischer Art erhalten.

Wer sich die dämonische Tätigkeit nicht in dieser bewußt entwickelten Form vorstellt, urteilt falsch und in Verkennung der wirklichen Sachlage. Denn die Dämonie handelt intelligent, weitsichtig, planmäßig und zielbewußt. Sie kann also nicht nur aus primitiv veranlagten Interessenten bestehen, sondern zwar aus entarteten, jedoch teilweise hochintelligenten Persönlichkeiten, die unter diesen bedrückenden Zwangsverhältnissen arbeiten müssen.

Aber gerade während dieser Tätigkeit werden ihnen nach und nach die weit wirksameren Gegenkräfte hochgeistiger Energieumwandlungen bewußt und zeigen ihnen den Weg, ihr belastendes Joch zu ihrer Befreiung abzuschütteln.

Es gibt also auch hier für jeden die Möglichkeit des Wiederaufstiegs, zumal sie ja alle grundlegenden Tatbestände geistiger Energieumwandlungen kennen und sie nur noch bewußt in gegenteiliger Art anwenden müssen. Aber auch dazu bringen viele die notwenige Kraft nicht mehr auf, weil sie die Notwendigkeit einer völligen Bewußtseinsumwandlung und Neutralisierung ihrer vorhandenen negativen Kraftwirkungen erkennen.

Diese totale Bewußtseinsumwandlung aber ist schwer!

Nichts kann die ständigen Mahungen nach einer Veredelung der Gesinnung und Denkungsart besser und nachdrücklicher unterstreichen als diese Erkenntnisse. Sie vermögen, was viele Vorträge und Predigten nicht fertig bringen, sie wirken überzeugend und begründet und erschöpfen sich nicht in bloßen Forderungen. Es sind praktische Hinweise, die jederzeit von jedem nachvollzogen werden können. (So er will!)

Das geschilderte dämonische Zwangssystem, dessen Einrichtungen (bei genauer Beobachtung) auch im irdischen Bereich zu erkennen sind, das sich durch Mauern und Minenfelder abgrenzt und mit zum Teil rücksichtsloser Gewalt und Grausamkeit regiert, arbeitet überall nach den gleichen Prinzipien in uns.

Ich hoffe, Sie können nun die Größe, Realität, Bedeutung und die Macht des dämonischen Systems verstehen.

Ich mußte mich oft damit auseinandersetzen in meinem Dasein. Aber ich bezwang es schlußendlich, indem ich gelernt habe, mich mit dem weit überlegenen göttlichen Prinzip zu verbinden und seine Hilfe zu erhalten. Nicht zuletzt mußte ich mich für diesen unfreiwilligen Unterricht in der Anwendung geistiger Technik bedanken.

Heute bin ich in der Lage, alle negativen fremden Einflüsse zu erkennen und sofort ins Gegenteil umzuwandeln und für meine eigene Entwicklung einzusetzen. Dadurch aber bin ich wiederum in der Lage, meine Erfahrungen mit anderen Daseinsebenen meinen Mitmenschen zu vermitteln und sie geordnet und im Zusammenhang vorzulegen.

Alle haben Gelegenheit, über das bisher Geschriebene zu diskutieren, nach Fehlern zu suchen oder bessere Begründungen zu entdekken. Jede, auch die kleinste Bemühung, ist besser als nichts. Sie dient in jedem Fall der geistigen Entwicklung als unserem einzigen Lebensziel.

Wanderung durch jenseitige Daseinsebenen

Wie sehr alles im Leben von der geistigen Entfaltung und Entwicklung abhängt, wie bedeutsam sie ist und welche bestimmende Aufgabe sie auf alle Daseinserscheinungen ausübt, das ist mir erst im Laufe meiner Untersuchungen deutlich geworden.

Überall wirken die Menschen mit schöpferischem Geist, prägen ihn aus, entwickeln daraus positive oder negative Kraftpotenzen und beeinflussen damit ihre kleinen und großen Daseinsräume. Sie stehen nicht nur selbst unter den starken Rückwirkungen ihrer eigenen Geisteserzeugnisse, sondern speisen damit auch alles, was in ihrer Umgebung Kraft und Leben zur Betätigung braucht. Sie sind also die großen ununterbrochen tätigen Krafterzeuger ihrer Welt, produzieren durch ihre Denktätigkeit gewaltige hochwirksame geistige Kraftströmungen und wirken damit auf alle Lebensverhältnisse ein.

Aber eines ist auffällig und in höchstem Maße bedauerlich:

Sie erkennen ihre besondere Befähigung noch nicht. Sie sehen auch noch nicht, wie sehr es gerade auf die Qualität ihrer geistigen Erzeugnisse ankommt. Welche Folgen allgemeiner Art sich daraus für ihr gesamtes Milieu ergeben und daß sie auf diese Weise zu Urhebern großer Ereignisse werden.

Alle diese wichtigen Einsichten sind mir durch die Auseinandersetzung mit den dämonischen Problemen gekommen. In geradezu krassen und auffälligen Beispielen durfte ich erfahren, welche verheerenden Folgen sich zwangsläufig und ganz automatisch durch die Entwicklung einer extrem niederen Gesinnung ergeben.

Ich sah diese Folgen nicht nur als kleine innere Bewußtseinsvorgänge ihrer Bewohner an, das heißt, als hochwirksame, gespeicherte und durch jeden geistigen Tätigkeitsakt wirksamer werdende Kraftpotenzen, Komplexe und Strömungen. Ich sah sie auch als von der allgemeinen Denkungsart abhängige große Gesamterscheinungen, als gemeinsam entwickelte Schwingungszustände, die sich zu unterschiedlichen Daseinsebenen verwandelten und auch dort je nach Qualität wirksam wurden. Darum war mir auch die natürliche Ausgestaltung aller dämonischen Bereiche durchaus verständlich. Ja ich erkannte sogar, daß wir ähnliches auch auf unserer irdischen Ebene immer wieder erleben, daß die großen Menschheitsepochen darauf beruhen, daß aber auch die großen und kleinen Witterungserscheinungen, Katastrophen und Kriegsereignisse wesentlich vom Allgemeinzustand menschlicher Mentalität beeinflußt werden.

Wie zutreffend diese Beobachtungen sind, werden wir auch bei der Durchforschung anderer Daseinsebenen erleben. Denn auch sie sind von diesen fundamentalen Grundursachen gekennzeichnet, die alles Geschehen beeinflussen.

Aber lassen Sie mich fortfahren, und begeben wir uns in freundlichere Gefilde.

Was mir meine Seele bei meinen weiteren Forschungsversuchen zeigte, erschien mir als Beeinflussungsversuche gesehen anfängerhaft, ohne ernsthafte Absichten und fast spielerisch oder unterhaltsam. Es fiel mir schwer, darin irgendeinen bestimmten Sinn zu erkennen. Ich glaubte, nur von neugierigen Bewohnern des Jenseits umgeben zu sein, die erste Experimente mit mir unternehmen wollten.

Das waren für mich sichere Anzeichen, daß meine Seele die dämonischen Gefilde wieder verlassen hatte und auf geistige Daseinsebenen zurückgekehrt war, die eine neue allgemeine Entwicklungsrichtung anzeigten. Wir waren ja in jenen Tiefen, in denen sich die Entartung geistigen Denkens in extremster Weise bis zu ihrem äußersten Pol realisierte. Der psychisch bedingte Weg nach unten endete in einer totalen Störung des seelischen Kräfteverhältnisses und Gleichgewichts, das heißt, in einer förmlichen Überschwemmung des Bewußtseinsinhaltes mit krassesten negativen Einheiten, einer Erstickung letzter noch vorhandener guter Regungen, einem Zwangskomplex negativster Kraftwirkungen, also mit einem inneren Zwangszustand, der zu einem Verlust der bisherigen Entscheidungs- und Willensfreiheit führte.

Wir müssen nun wieder aus diesem furchterregenden Grenzbereich umkehren und zu erkennen versuchen, was nach der anderen Seite sichtbar wird. Das bedeutet, festzustellen, wie es dort aussieht und zugeht.

Meine neuen Erlebnisse zeigten ja schon erhebliche Wandlungen an. Der vorher verspürte Gegendruck durch feindlich gesinnte Kraftwirkungen hatte nachgelassen und sich in harmlose Einflüsse aufgelöst. Das ist ganz natürlich, denn so, wie er sich auf dem Wege in dämonische Tiefen immer mehr verstärkte, mußte er nun in entgegengesetzter Richtung wieder abnehmen, ja sogar anfangs in einen noch kaum verspürbaren positiven Zustand übergehen. Ich betrat ja nun wieder jene Bezirke, die von geistigen Energieausprägungen und Kraftkonzentrationen nichts wissen, also auch keinen praktischen Gebrauch davon machen können.

Diese Region muß etwa dem gleichen geistigen Niveau unserer irdischen Daseinsebene entsprechen, mit einer noch unerkannten und unkontrollierten Geistestätigkeit mit Zufallsergebnissen. Metaphysischen Gesetzmäßigkeiten entsprechend müßte sie dann wegen ihrer gleichartigen Schwingungszahl etwa in der Höhe unserer Erdoberfläche liegen.

Wir befinden uns jetzt also durch seelische Übertragung auf der ersten jenseitigen Daseinsebene.

Es ist die wichtige Ebene geistiger Umstellung von irdischem Denken zu jenseitigem Denken, von irdischen Begriffen zu jenen, die drüben Vorrang und Geltung haben, von irdischen zu jenseitigen Daseinsbedingungen. Sie weisen ganz erhebliche Unterschiede auf, und es braucht für viele Seelen, besonders für diejenigen, die nach ihrem irdischen Ableben hier ankommen, mitunter sehr lange, ehe diese notwendige Umstellung begriffen und vollzogen wird.

Diese Andeutung mag Ihnen vieles klarmachen, was Sie bisher nicht beachteten. Diese Unterschiede fallen im Zustand der Inkarnation und Geburt natürlich kaum auf. Im Zustand vollzogener geistiger Entfaltung und des Todes aber müssen sie enorme Schwierigkeiten bereiten, denn sie erfordern eine Umstellung und Eingliederung der vorhandenen Bewußtseinseinheiten in neue Daseinsverhältnisse.

Denken Sie z. B. daran, daß ja nach Wegfall des physischen Körpers keinerlei Verschleiß körperlicher Substanzen mehr vorhanden ist. Damit besteht auch keine Notwendigkeit mehr, sie durch regelmäßige Nahrungsaufnahme wieder zu ergänzen.

Ständiger Nahrungsbedarf aber verursachte den Zwang zum Erwerb der dazu notwendigen Nahrungsmittel, also zum Verdienen und Arbeiten. Damit muß nun für alle Bewohner jenseitiger Daseinsebenen der Zwang zu körperlicher, aber auch geistiger Tätigkeit wegfallen. Es bleibt nur noch die Möglichkeit zu geistiger Betätigung bestehen, und sie rückt auf diese Weise in den Vordergrund.

Wenn Sie sich aber vorzustellen versuchen, wie lange diese Einsicht dauern kann, besonders für alle, die ohne vorbereitendes Wissen über geistige Vorgänge, geistige Energieumwandlungen, geistige quantitative und qualitative Kraftpotenzen und ihre Rückwirkungen auf den eigenen Urheber hinüberkommen, dann wird klar, daß dieser Umstellungsprozeß ja die Rückkehr zu geistiger Technik verlangt und für viele nicht in kurzer Zeit, sondern erst in Monaten, Jahren, ja sogar Jahrhunderten erkannt und vollzogen wird.

Dies kann unter recht wenig erfreulichen Verhältnissen geschehen, ja sogar unter recht bedrückenden Lebensumständen, die sich aus den vorhandenen Kraftausstrahlungen ihrer Bewohner ergeben.

Viele, die am Ende ihres irdischen Lebens den Übertritt in ihre geistige Heimat vollziehen, mögen in ihrer irdischen Sphäre äußerst kluge, gebildete und in irdischem Wissen sehr erfahrene, praktische und angesehene Menschen gewesen sein, vielleicht sogar hochstehende Persönlichkeiten. Wenn ihnen jedoch die Kenntnis und Praxis im Umgang mit geistiger Urmaterie und der universalen Energieart des Geistes fehlt – also jener Grundkraft, von der ihre inneren Zustände unmittelbar beeinflußt und entwickelt werden – dann fehlt ihnen nun die Hauptsache! Dann sind sie oft kleiner und ärmer als die einfachsten Menschen, die vielleicht einst ihre abhängigen Untergebenen waren. Mit vielen anderen sehen sie sich genauso hilflos den neuen, nur noch geistigen Verhältnissen gegenüber und stehen mit ihnen vor der Aufgabe, diese fehlende, aber ungemein wichtige Lücke ihrer Erkenntnis endlich auszufüllen. Nicht Umfang und Quantität ihres irdischen Wissens ist hier entscheidend, sondern ihre innere, urstofflich-geistige Qualität!

Auch sie werden so lange auf dieser ersten Ebene zu leben haben, bis sie in dieser Beziehung Fortschritte erzielten, das heißt, ihre innere

Schwingungs- und Wertzahl entsprechend erhöhten und sich damit nach den Gesetzen ewiger Weisheit und Liebe aufstiegsreif erwiesen haben. Bis dahin aber verbleiben sie in einer Zone, deren äußere Beschaffenheit der allgemeinen Unwissenheit, geistigen Unklarheit, unbewußten und zufallsbedingten gesinnungsmäßigen Tätigkeit entspricht. Das bedeutet, auf einer Ebene leben zu müssen, deren Charakter noch immer sehr düster, nebelig, öde und vegetationsarm ist und großen Mangel an Licht und Wärme aufweist.

Da die Bewohner unter keinem Ernährungs- und Arbeitszwang mehr stehen, müssen sie derartige Verhältnisse als sehr bedrückend empfinden und unter diesen Umständen nach einem Ausweg suchen. Auch in ihnen lebt ja der unauslöschliche Wunsch, glücklich zu werden.

Der einzige Weg einer gesinnungsmäßigen Veredelung und einer schwingungsmäßigen Erhöhung ist ihnen noch unbekannt. Deshalb haben und sehen sie keine andere Möglichkeit, als ihr ersehntes Glück mit den „Beinen zu suchen", das heißt, sich durch ihre geistige Region auf Wanderschaft zu begeben in der Hoffnung, dort irgendwo auf erfreulichere Lebensverhältnisse und paradiesische Zustände zu stoßen. Sie erwarten die große Wandlung also von außen und durch äußere Umstände – während sie in Wirklichkeit nur durch innere Vorgänge eintreten kann. Darin liegt der große Irrtum, dem wir schon auf der Erde stets verfallen!

Diese erste Zone geistiger Umstellung muß zwangsläufig zur jenseitigen Region der ruhelosen Seelen werden, das heißt jener Daseinsebene, welche der englische Erzähler Charles Dickens in seinem „Christmas Carol" so ausführlich schilderte: Danach ist sie bevölkert von zahllosen klagenden und unglücklichen Seelen, die hier schon Jahrhunderte verweilen und noch in ihren damaligen alten Kleidern herumlaufen, weil sie die Notwendigkeit zu einer Umstellung auf geistige Energien und geistige Kraftwirkungen immer noch nicht erkannten. Es ist menschlich durchaus verständlich, eine günstige Veränderung zuerst immer durch äußere Umstände zu erwarten und erst nach erlebten Enttäuschungen ernsthaft nach anderen Möglichkeiten zu suchen. Aufstiegsaussichten können sich in dieser Ebene also nur für diejenigen ergeben, die die Fruchtlosigkeit ihrer bisherigen Bemühungen einsahen.

Aus diesen grundlegenden Tatsachen gilt es nun, die nächste geistige Entwicklungsstufe zu suchen und zu „durchwandern".

Für die zweite geistige Daseinsebene dürfte das aufgrund menschlicher Beobachtungen gar nicht so schwierig sein. Denn die einfachste und primitivste Art geistiger Betätigung, die ja nun nur noch übrig bleibt, ist diejenige spielerischen Zeitvertreibs. Es ist der reine Unterhaltungstrieb ohne ernsthafte Absichten und ernste Arbeitswünsche. Er muß den Zweck erfüllen, die Langeweile zu vertreiben und sich in angenehmer Art geistig zu beschäftigen.

Aber dieses Verlangen verursacht in der neuen geistigen Sphäre bereits wieder besondere Wandlungen. Unterhaltende spielerische Beschäftigung ist bei ununterbrochenen Wanderungen unmöglich.

Daraus folgt, daß sich in der zweiten aufwärtsführenden jenseitigen Daseinsebene bereits die Erkenntnis vollzogen haben muß: Alle Versuche sind sinnlos, glücklichere Zustände durch dauerndes Umherziehen zu erreichen. Es ist besser, wenn wir hier bleiben, selbst wenn es wie überall immer noch düster, eintönig, primitiv, kühl und unfreundlich aussieht. Vielleicht können wir uns die Zeit auf andere Weise vertreiben.

Soweit wir die menschliche Denkweise kennen, dürfte das die erste Reaktion sein.

Daraus ergibt sich die Notwendigkeit, mit den vorhandenen primitivsten Mitteln einfachste Wohngelegenheiten zu schaffen, dazu auch größere Gemeinschaftsräume für Zusammenkünfte und Unterhaltung. Alles wird noch einen sehr provisorischen Charakter tragen und noch weit von ernsthaften geistigen Arbeitsabsichten entfernt sein.

Wenn also auf dieser Daseinsebene auch noch keine ins Auge fallenden geistigen Entwicklungsfortschritte erkennbar werden, so ist dennoch bereits die Einsicht vorhanden, daß es eigener geistiger Anstrengungen bedarf, um aus dem bedrückenden Zustand innerer Leere herauszugelangen! Und überall da, wo sich diese Erkenntnis immer deutlicher zeigt und zu realisieren sucht, ist auch der Zeitpunkt gekommen, in eine neue höhere geistige Region zu steigen, wo sich dieses Bestreben noch günstiger entfalten kann. Dabei ist nicht zu übersehen, daß dies bei manchen Bewohnern recht lange dauern wird.

Die dritte aufstrebende geistige Entwicklungsstufe:

Selbst ohne Arbeitszwang kann ein bloßer geistiger Beschäftigungs- und Spieltrieb auf die Dauer keine Befriedigung gewähren. In den alten Seelen sind bereits viel zu starke Komplexwirkungen gespeichert, die nach ernsthafterer Betätigung verlangen und Unruhe erzeugen. Aus ihnen melden sich wieder frühere Bewußtseinselemente, die Erfahrungsinhalte und Kenntnisse wachrufen und sich als wesentlich bessere Beschäftigungsmittel erweisen. Das bedeutet eine erneute Verstärkung geistiger Regsamkeit und ist der Beginn eines neuen geistigen Entwicklungsstadiums.

Darin sehe ich einen wesentlichen Fortschritt zu ernsthafter Arbeit. Er erfolgt hier immer auf der Basis der Freiwilligkeit, weil keine Notwendigkeit und kein Zwang mehr vorliegen.

Da auch auf den jenseitigen Daseinsebenen die natürlichen Bedarfsgegenstände vorhanden sind wie auf der irdischen, natürlich nur in urstofflicher Beschaffenheit, werden die Bewohner dieser Region zunächst Mittel und Wege suchen, sich daraus die notwendigen Handwerkszeuge zu schaffen, dann aber damit beginnen, sie in gelernter und erfahrener Art anzuwenden.

Daraus ergeben sich die Möglichkeiten, die eigenen Wohnstätten immer freundlicher und praktischer auszugestalten, jedoch auch das eigene vorhandene Intelligenzzentrum schöpferisch tätig werden zu lassen, soweit es die vorhandenen Möglichkeiten gestatten. Diese gesteigerte geistige Regsamkeit findet schon an nützlicher Arbeit Befriedigung, ja sicherlich auch Freude. Diese vermag schon jenen zu helfen, die zwar an ihren Ergebnissen Bedarf haben, jedoch dazu keine eigenen Fähigkeiten besitzen, und das alles, ohne gezwungen zu sein, dafür Bezahlung zu verlangen, um den eigenen Lebensunterhalt zu bestreiten. Selbst für gute und hilfreiche Regungen ist also die Tür bereits offen und damit auch für herzliche Gefühle der Dankbarkeit.

Diese erweiterten geistigen Entwicklungsmöglichkeiten schaffen ein wesentlich anderes Gemeinschaftsklima, denn sie beeinflussen die Denkweise qualitativ, das heißt schwingungserhöhend. Eine solche Wandlung aber erhöht gleichzeitig auch das gemeinsam ausgestrahlte geistige Kraftfeld und wirkt auf die Natur und ihre Einzelobjekte, auf die klimatischen Verhältnisse, auf die Vegetation und natürlich auch auf die inneren Zustände ihrer Bewohner in günstiger Weise.

Daraus folgt, daß die geistige und natürliche Finsternis der vorausgegangenen Daseinsebenen hier zu einer erheblichen Erhellung, ja bereits zu einer Erwärmung der Ausstrahlungen, zu einer Verbesserung der örtlichen Gemeinschaften, zu einer erkennbaren Pflege der Wohnheime, zur Anlage von kleinen Hausgärten, aber auch zu allgemein verspürbaren und verbesserten vegetationsmäßigen Fortschritten führt. Eine derartige Kraftausstrahlung menschlichen Denkens erlaubt schon eine Entfaltung bedürfnisarmer Pflanzen, also auch von Wiesen, von einfachen Wiesenblumen und Kräutern, von kleinen Hainen und Wäldern. Der landschaftliche Charakter wird auf diese Weise bereits vorteilhaft verändert und nähert sich mehr und mehr den Bildern, wie wir sie in einfachen ländlichen Gegenden antreffen. Unter diesen Umständen ist anzunehmen, daß sich hier bereits einfache Seelen wohlzufühlen beginnen.

Geistiger Betätigungsdrang, Arbeitslust und Arbeitsfreude sind steigerungsfähig. Was sich hier erst in den Anfängen zeigte, muß bei denen, die größeren Spielraum brauchen, die also in ihrer Denkungsart hilfsbereiter und gemeinnütziger werden, auch den spezifisch-geistigen Schwingungszustand verändern und damit den Weg für eine Erhöhung in die nächste vierte geistige Dimension öffnen.

Da die Verfeinerung des geistigen Schwingungszustandes die Voraussetzung für den Übergang in höhere Ebenen ist, ist die ständige qualitätsmäßige Verbesserung aller Geisteserzeugnisse durch veredeltes Denken der entscheidende Faktor auf dem Weg nach oben. Dafür aber bietet gerade eine geistig–schöpferische praktische Betätigung die günstigsten Möglichkeiten. Sie erlaubt vielen, immer größere und wichtigere Dienste zu leisten und sich durch selbstlose Hilfsbereitschaft hervorzutun.

Das meist übersehene geistige und ausstrahlende Kraftniveau bildet ja die Grundlage aller Entwicklungen. Es erzeugt auf allen geistigen Ebenen den atmosphärischen Schwebestoff, an welchem alle Anteil haben und der auf alle gleichermaßen anregend wirkt.

Diese Tatsache wird ohne Zweifel auch für die nächste geistige Entwicklungsstufe zutreffen. Erneut verstärkter Beschäftigungsdrang, Arbeitsfreude und verbesserte Betätigungsmöglichkeiten gestalten die Lebensverhältnisse hier wesentlich vielseitiger und angenehmer. Sie verändern nicht nur die Wohnstätten und verleihen den Ansiedlungen einen freundlicheren dörflichen Charakter, sondern führen auch zu angebauten Arbeitsräumen handwerklicher Betätigung.

Überall macht sich auch das Verlangen nach geistigen Anregungen, geistiger Belehrung und erweitertem geistigem Wissen bemerkbar, also nach erkenntnismäßiger Förderung. Unter diesen Umständen müssen hier die ersten Schulen und Lehranstalten entstehen, nicht nur allgemeiner, sondern auch beruflicher Art. Ihr Besuch erfolgt immer auf freiwilliger Basis. Ihr Abschluß führt zu keinerlei Attesten, Zeugnissen oder Diplomen. Jeder bestimmt selbst seinen Entwicklungsweg und erbringt durch seine erworbenen Kenntnisse und Fähigkeiten die Beweise seiner Tüchtigkeit. Gerade die Freiwilligkeit und das Bestreben, der Allgemeinheit zu dienen, sind ja die besten Unterlagen persönlicher Bewertung – neben der schwingungsmäßigen Wertzahl, welche für alle übergeordneten Organe ohne weiteres feststellbar ist.

Die allgemeine geistige Situation wird sich unter diesen viel günstiger gewordenen Daseinsbedingungen erheblich verbessern. Entwicklungsmöglichkeiten, Belehrungs- und Ausbildungsgelegenheiten sind schon nach allen Richtungen hin vorhanden oder im Entstehen. Die geistige Entfaltung ist in vollem Gange. Niemand kennt mehr Langeweile. Wo noch Trägheit, Bequemlichkeit oder gar ausgesprochene Faulheit zutage treten, da ist kein Fortschritt möglich, so daß alle, die daran kranken, automatisch in den unteren Ebenen zurückbleiben.

Aber die aufwärtsführenden Regionen sind hier noch nicht zu Ende, sondern streben erst ihrem Höhepunkt zu, der in der Ferne schon deutlich erkennbar wird.

Die charakteristischen Merkmale der fünften geistigen Dimension erklären sich als logische Fortsetzung der vorherigen Entwicklungsstadien.

Alle Geistesbetätigungen und Untersuchungen beginnen immer an äußeren Naturerscheinungen. Diese Tatsache ist schon auf unserer irdischen Daseinsebene sichtbar. Zwar nicht als schwingungsgleicher Gesamtvorgang, sondern einzeln. Alles, was Interesse erweckt, wird betrachtet, geprüft, analysiert und kombiniert, wird in entsprechenden Tatbeständen aufgezeichnet und schließlich zu einer Weltanschauung zusammengefaßt.

Alle großen Entwicklungsperioden der jenseitigen Welt werden deshalb auch bei uns sichtbar, von den Naturerscheinungen dämonischer

Bezirke bis zu jenen höheren voller landschaftlicher Schönheit. Also von verletzendem Dornengestrüpp bis zu vollendeter Blütenpracht, aber auch in den verschiedensten Formen sozialen Gemeinschaftslebens und erkenntnismäßigen Fortschritts.

Die nächste höhere Erkenntnisstufe menschlichen Geistes geht nun über handwerkliches Können hinaus durch vertiefende wissenschaftliche Untersuchungsmethoden, um die feineren inneren Zusammenhänge physikalischer und chemischer Art zu erforschen und einer praktischen Verwendung zuzuführen.

Mit einer immer erneuerten und gesteigerten geistigen Regsamkeit, mit einem immer größer werdenden Bildungsverlangen, mit einer Hand in Hand gehenden Gesinnungsveredelung muß es dazu kommen, daß durch tiefere Einblicke in stoffliche Strukturvorgänge wissenschaftliches und technisches Denken immer größere Bedeutung erlangen und daß als Folge davon auch vermehrte praktische Anwendungsmöglichkeiten entstehen.

Das Gesamtbild der neuen Dimension wird dadurch eine erhebliche Wandlung erfahren. Nicht nur Forschungs-, sondern auch Lehr- und Lernbetriebe rücken immer stärker in den Vordergrund, denn sie vermitteln eine gründlichere Schulung, ein sorgfältiges wissenschaftliches Studium und vermehrte Erkenntnisse. Diese aber führen auch zu verschönernden Umgestaltungen, das heißt, zu immer prächtigeren kleinen und großen Gebäuden, zu gärtnerischen Anlagen, zu neuen Entdeckungen und künstlerischen Entfaltungen. Die Natur selbst nimmt diese verstärkte geistige Regung und Kraftentfaltung auf und bedankt sich durch immer herrlicher werdende Schönheit und Pracht.

Langsam beginnt jetzt auch die Erforschung menschlicher Zustände und Eigenarten, also psychologischer Veranlagungen und Ursachen. Allerdings wird das immer noch auf der Grundlage stofflicher Erscheinungen geschehen, wie das auch bei uns noch üblich ist. Selbst in den Bereichen urstofflicher Erscheinungsformen dauert es lange, bis der menschliche Geist und seine Energien als eine unsichtbare, jedoch universale neue Kraftart entdeckt, erforscht und praktisch verwendet werden.

Hier in diesem Entwicklungsstadium findet er also schon eine erste Beachtung, wenngleich er noch immer als sekundäre Nebenerscheinung angesehen wird. Trotzdem bedeutet diese Einstellung gegenüber denen der vorangegangenen Daseinsebenen bereits einen wesentlichen neuen Fortschritt. Allerdings ist sie noch weit entfernt, bereits zu so praktischen Anwendungsmöglichkeiten zu führen wie in den tiefsten dämonischen Bereichen.

Ebenso wird eine erneute Verbesserung klimatischer Verhältnisse sichtbar, denn geistige Regsamkeit und erweiterte Erkenntnis entwikkeln nicht nur mehr Licht, sondern auch Erwärmung, Sonne und Freude.

Wichtig ist jedoch, daß die bevorzugte wissenschaftliche Erforschung keineswegs andere geistige Beschäftigungsarten verdrängt, die sich mit rein menschlichen Belangen wie Kinderpflege, Erziehung, Betreuung Hilfsbedürftiger, mit praktischer Haushaltstätigkeit, mit vielen Frauenberufen und karitativen Diensten beschäftigen. Gerade diese entwickeln jene so wichtige innere Kraftenfaltung qualitativer Art, die ständig die geistige Kraftausstrahlung verbessert.

Auch auf dieser Daseinsebene gilt das gleiche Gesetz, wie auf allen anderen.

Wer sich nur erkenntnismäßig entwickelt, wer sein Daseinsziel nur noch in wissenschaftlicher Forschung sieht, nicht aber an qualitätsmäßige Erhöhung seiner Geisteserzeugnisse und damit auch seiner Wertzahl denkt, wird diese Region nie verlassen oder höher steigen, weil es in allen geistigen Bereichen mehr auf das edle, als auf das erkenntnisreiche Denken ankommt.

Diese Erkenntnis ist von entscheidender Bedeutung. Sie ermöglicht auch den erkenntnismäßig, bzw. geistig Armen, höchste Stufen in der geistigen Welt durch angesammelte und auf andere ausstrahlende Güte, Liebe und Herzlichkeit zu erreichen. Wo sich aber Wissen, Können und Herzensgüte vereinen und gemeinsam entfalten, da entstehen dem Göttlichen immer näherkommende Eigenschaften und führen zurück auf ihre einstige und höchste Ausgangsbasis.

Mit intensiver seelischer Hilfe und Vermittlung vermochte ich auch diese sechste geistige Daseinsebene zu durchwandern und richtig zu charakterisieren.

Dort muß sich nun die Priorität des Geistes, seiner Energiegestaltungen und Kraftpotenzen immer mehr in den Vordergrund drängen und zum bestimmenden Hauptfaktor entwickeln.

Daß die deutlich erkennbaren geistigen Kraftwirkungen nicht nur bloße Eigenschaften darstellen, sondern reale Tatsachen sind, daß sie in jedem menschlichen Bewußtsein zu bestimmenden Triebkräften werden, muß sich bei eingehender wissenschaftlicher Überprüfung letzten Endes als unabweisbares Resultat herausstellen, muß aber auch die fälligen Beweise liefern, daß es sich auch bei allen Geisteserzeugnissen um eine verfeinerte urstoffliche Grundsubstanz handelt. Ohne sie sind derartig gebundene, haltbare und wirksame Kraftkonzentrationen geistiger Beschaffenheit überhaupt nicht denkbar, weil sie sich stets wieder auflösen müßten.

Damit aber ist auf dieser geistigen Daseinsebene endlich der Weg für geistwissenschaftliche Untersuchungen, technische Folgerungen und einfachste praktische Anwendungen im täglichen Gebrauch frei, das heißt für ein Wissen, das gerade auf dieser Entwicklungsstufe allgemeine Verbreitung erlangt und dadurch zu einem mächtigen Auftrieb veredelten Denkens wird.

Zwar befindet es sich auch hier noch immer in seinem Anfangsstadium, gewinnt jedoch bereits persönliche und praktische Bedeutung, auch wenn es noch nicht zu praktischen Eingriffen in das Geistesleben, in das Bewußtsein und seine Zustände bei anderen reicht.

Jedenfalls verbessern die Auswirkungen dieser neuen Erkenntnisse das geistige Schwingungs- und Kraftverhältnis dieser Daseinsebene in fördernder Weise, weil jeder einsieht, daß davon der eigentliche Wert seiner Persönlichkeit abhängt, daß seine selbsterzeugten geistigen Kraftpotenzen, wenn sie guter Art sind, ständig in ihrem erhebenden und beglückenden Sinn auf ihren Erzeuger zurückwirken und alle seine inneren Zustände verursachen.

Wer einmal diese grundlegende Einsicht gefunden hat, erkennt seine Daseinsaufgabe, die Fehler seines früheren falschen Verhaltens und seine neue Zielsetzung. Er erkennt sie so eindringlich, überzeugend und begründet, daß er in seinen Entschlüssen nicht mehr wankend werden kann und keinen neuen Rückfall mehr zu befürchten hat.

Wenn wir hier auf unserer irdischen Daseinsebene einmal zu einer solchen beweisbaren Erkenntnis kämen, wenn sie auch für alle irdischen Menschen zum Gesetz ihres Daseins würde, dann müßte schon das irdische Zusammenleben zu den gleichen wunderbaren Verhältnissen führen, wie sie in der eben geschilderten sechsten jenseitigen Daseinsebene herrschen.

Ist die große Wahrheit einmal erkannt, dann ist auch die milde, erwärmende und kraftspendende Sonne von allen verhüllenden Vernebelungen befreit. Die Vegetation ist durch gute geistige Kraftströme gestärkt, so daß sich auch die allerschönsten farbenprächtigsten Naturerscheinungen voll entfalten können, hingegen allem niederen dornigen Gewächs kein Lebensraum mehr verbleibt.

Alle Seelen nehmen so starke und gute Energiepotenzen aus ihrem atmosphärischen Bereich in sich auf, daß sie sich glücklich fühlen müssen. Sie bringen die geistigen Entfaltungen überall voran, das heißt, sie wirken auf Erfinder durch inspirativ empfangene neue Ideen, verbannen jedoch jene, die ihre Aufgabe nur im Negativen sehen, völlig aus ihren gesegneten Bereichen. Dann wird auch die geistige Technik mit ihren zahllosen neuen Möglichkeiten ein Element des Fortschritts – aber nur in Händen von Menschen, deren Hauptziel nicht äußere Verbesserungen sind, sondern die allgemeine Wohlfahrt, die innere Veredelung, Erhöhung und Vervollkommnung!

Das ist echte christliche Religion, nicht bloß in dogmatischer Form, sondern in praktischer Verwirklichung. Sie zeigt schon den Weg zu einer Verschmelzung von „Himmel und Erde" und einer Überwindung jener Grenzen, die bisher als unübersteigbar galten.

Es macht jedoch auch die Voraussetzungen sichtbar, die vorher erfüllt werden müssen:

1. Allgemeine Erkenntnis der Priorität des Geistes als schöpferische Grundkraft des Universums!
2. Allgemeine Anerkennung seiner Energien als hochpotenzierte Energieart und belebender, ausprägsamer Kraftfaktor mit der Fähigkeit, neutrale Urmaterie zu gestalten und sich in ihr als lebendiggewordene Krafteinheit zu materialisieren!
3. Alle Geistesarbeit als krafterzeugenden und kraftaufspeichernden Vorgang zu erkennen!
4. In dieser Tätigkeit den großen Entwicklungsfaktor zu sehen, der innere und äußere Zustände zu verwandeln vermag!

Es gibt nun noch eine weitere siebente jenseitige Daseinsebene zu erforschen, in welcher der Höchststand geistiger Entwicklung seinen besonderen Ausdruck findet. Über ihn ist so viel zu sagen, daß ich dies im nächsten Kapitel tun will.

Auf höchster Ebene

Nach meinen bisherigen Erfahrungen sehe ich heute ein völlig anderes Zukunftsbild vor mir. Es hat mit früheren nichts mehr gemeinsam, und ich werde zunehmend ruhiger. Man könnte es fast freudige Erwartung nennen.

Wie oft sind diese einst so hochgepriesenen Seligkeiten von Künstlern und Dichtern als sorgloses Dasein, als friedliches Dahinwandeln auf blumigen Auen, als süßes Vertändeln der Zeit dargestellt worden. Nichts mehr von ernsten Verpflichtungen, von Aufgaben und Verantwortlichkeit. Alle Probleme schienen gelöst, alle Sorgen beseitigt, alle Kümmernisse überwunden zu sein. Die wilden Wogen irdischen Geschehens, das schwere Ringen nach Erkenntnissen in den untersten Daseinsebenen – das alles lag in längst überwundenen weiten Fernen und störte den Frieden und die Vollkommenheit nicht mehr. Hierher drang auch kein Klagen und Jammern mehr von denjenigen, die unter schwerem Leid seufzten. Hier herrschte nur ein Zustand vollkommener innerer Befreiung und des Glücks.

Ich hatte oft Zweifel verspürt, ob ich mich unter solchen Verhältnissen auch wirklich wohlfühlen würde. Ein sorgloses Dahinleben ohne Aufgaben und Verantwortung schien mir nicht sehr wertvoll. Ich fürchtete mich vor nichts so sehr als vor Langeweile, vor einem gewaltsamen Stillegen meiner Tatkraft und meiner Intelligenz, also meiner völligen Entwertung. Die in meinem Bewußtseinsinhalt angesammelten und gespeicherten geistigen Kraftpotenzen hätten sicherlich dagegen revoltiert und mich nicht nur unruhig, sondern auch unglücklich gemacht. Nein – eine solche Seligkeit würde mich nicht reizen.

Glücklicherweise hat mir meine Seele eine ganz andere Version über das Jenseits, über seine Daseinsverhältnisse und auch über seinen höchsten Entwicklungsstand vermittelt.

Sein Hauptakzent liegt gerade auf hochgeistiger Kraftentfaltung. Das aber bedeutet vermehrten Krafteinsatz im Dienste und zum Wohle der Allgemeinheit. Er bedeutet also intensive Bemühungen, auch andere aufwärtsstrebende Seelen emporzuziehen, sie auf den rechten Weg zur Überwindung geistigen Fehlverhaltens zu führen, sie auf die Bedeutung einer richtigen Verwendung ihrer geistigen Energien hinzuweisen und sie zur Vermehrung ihres Bewußtseinsinhaltes mit positiven Krafteinheiten zu veranlassen.

Eine solche Tätigkeit aber war niemals ein sorgenloses Dahinwandeln oder süßes Nichtstun, sondern ernste Arbeit, große Verantwortung und Teil einer gewaltigen Aufgabe. Sie bedeutete auch nicht, andere sich selbst zu überlassen und ihnen anheimzustellen, mit ihrem Leid, ihrer Unwissenheit und ihren Problemen allein fertigzuwerden. Sie bedeutete vor allem nicht, der Dämonie, ihren gewaltigen Anstrengungen, ihren heimtückischen Zielen und ihrem geheimnisvollen Können geistig-technischer Vergewaltigungen tatenlos zuzuschauen, ohne selbst energische Anstrengungen und Hilfeleistungen für gefährdete und bedrängte Seelen zu unternehmen.

Je höher die geistige Aufwärtsentwicklung, um so größer das Mitempfinden für diejenigen, die sich noch in dämonischer Gewalt sahen, die als ruhelose Seelen auf der Suche nach dem Frieden waren oder die sich zwar schon im Aufstieg befanden, aber immer noch Hilfe brauchten.

Je höher also die Erkenntnis, um so größer die Verpflichtung zur Hilfeleistung und die Notwendigkeit, sich als Arbeiter im Weinberg Gottes zu fühlen und ein kleiner Faktor positiver göttlicher Hilfen zu werden.

Kann eine solche Pflichtauffassung denn noch Seligkeit genannt werden? Ich jedenfalls könnte mir keine größere und schönere Aufgabe denken, als allen Mitmenschen, die sich schwer kämpfend durch das Dickicht falscher Auffassungen hindurchzuringen suchen, beizustehen, endlich die Priorität geistiger Vorgänge zu entdecken und sich als geistige Krafterzeuger zu erkennen.

Darum bin ich sicher, daß die Bewohner jener sechsten geistigen Daseinsebene, von der wir zuletzt sprachen, bereits solche seligen Empfindungen kennen müssen, weil sie ja schon im Besitz des großen göttlichen Grundgedankens sind, daß sich jeder Mensch mit schöpferischer Freiheit durch seine geistigen Ausgestaltungen selbst in einen negativen oder aber positiven Kraftzustand versetzen und dadurch unglücklich oder glücklich und selig machen kann.

Welche Fortschritte gegenüber dieser hohen geistigen Einstellung können wir nun noch von der nächsten siebenten geistigen Daseinsebene erwarten?

Ich sehe dort eine weitere Entwicklung neuer geistwissenschaftlicher Erkenntnisse bis zu ihrem absoluten Höhepunkt, das heißt, bis zu jenen praktisch-technischen Anwendungsmöglichkeiten, die, wo sie sich z. B. einmal in irgendeiner Form hier auf Erden ereignen würden, immer als unerklärliche Wunder bestaunt würden.

Alles Wissenswerte über den Geist ist zwar eine große Einheit, muß jedoch in zwei Teilgebiete unterschieden, nacheinander erforscht, erkannt und praktisch verwendbar gemacht werden.

Als zum ersten Teilgebiet gehörig betrachte ich den Entwicklungsstand, wie er sich auf der vorangehenden sechsten Ebene erkennbar machte. Hier führte er zu jenen wichtigen und für alle grundlegenden Einsichten über die Entstehung, Entwicklung, Verbesserung und Bedeutung persönlicher Bewußtseinseinheiten und -zustände und damit zu einer allgemein verbindlichen geistigen Technik für den täglichen Gebrauch, also zu vorteilhafter Kraftausprägung neutraler geistiger Energiebestände. Das bedeutete eine richtige Handhabung des inneren Kraftfaktors oder die Kenntnis einer richtigen geistigen Arbeitsmethode. Er zeigte also den Weg zur schwingungsmäßigen Veredelung aller Denkvorgänge, zur gesinnungsmäßigen Kultivierung des Bewußtseinsinhaltes, zur Erhöhung der inneren Wertzahl, zur Schaffung erhebender, beglückender und beseligender innerer Kraftrückwirkungen, somit zum Aufstieg und zur vollkommenen Harmonie des Gemeinschaftslebens.

Das darauf aufbauende zweite Teilgebiet der Geistwissenschaft aber geht über diese Grundstufe hinaus. Deren paktische Folgerungen sind bereits zu Selbstverständlichkeiten geworden, nach denen jeder lebt und sich richtet. Die Bewohner der siebenten Daseinsebene beschäftigen sich weniger mit inneren geistigen Kraftwirkungen, sondern vor allem mit äußeren, das heißt mit Fernwirkungen, also mit jener höheren geistigen Technik, die es ermöglicht, ausgeprägte geistige Kraftpotenzen in Form von Vorstellungen, Gedanken und Gefühlen auch auf andere einzustrahlen, sie dort wahrnehmbar zu machen, mit ihnen Kontakte aufzunehmen, Rückantworten zu erhalten und beabsichtigte Wirkungen zu erzielen. Sie erreichen also das gleiche umfassende Wissen wie die Dämonie.

Daß diese geistigen Fernwirkungen von ihnen jedoch ausschließlich nur in gutem Sinne verwendet werden, ist eine Selbstverständlichkeit. Diese neuen technischen Möglichkeiten erweitern jedoch das geistige Einflußgebiet ihrer Bewohner ganz gewaltig. Sie dehnen es nicht nur über alle Bereiche der geistigen Welt einschließlich der Dämonie aus, sondern auch auf die irdische Daseinsebene, ja selbst auf den unermeßlichen astralen Großraum des Universums.

Es ist notwendig, diese Tatsachen den kommenden Schilderungen der Daseinsverhältnisse dieser höchsten geistigen Entwicklungsstufe voranzustellen. Man muß sie kennen und verstehen, um die ganze Bedeutung gerade dieser höchsten Region zu begreifen.

Wie müssen wir nun die natürlichen Daseinszustände ihrer Bewohner sehen, ihre Betätigungsmöglichkeiten und vor allem die überragende Stellung dieser siebten geistigen Daseinsebene?

Wir können sie nur als eine große Einheit von Harmonie, Seelenfrieden, innerer Ausgeglichenheit, Herzlichkeit, liebevoller Güte – aber auch als ein Höchstmaß an hochgeistiger innerer Kraftentfaltung, an Aktivität, Dienstbereitschaft, Mitgefühl für andere, Hilfsbereitschaft, Unterstützungswillen ihrer Aufstiegsbemühungen, Schutz vor niederen dämonischen Angriffen, geistigen Betreuungs- und Führungsaufgaben und anderes sehen. Das heißt, als hochentwickeltes Verantwortungsgefühl, im Sinne göttlicher Liebe zu wirken und aus innerstem Herzensbedürfnis ein treuer Helfer des göttlichen Prinzips zur Durchführung göttlicher Absichten zu sein.

Wer einmal die Tatsache erkannt hat, daß jedes neue gute Geisterzeugnis seine schon vorhandene innere Kraftsumme verstärkt, also auch ihre guten Rückwirkungen auf sein ICH vermehrt und damit seine Seligkeit erhöht, der kann gar nicht anders, als nur noch in diesem Sinne zu denken und zu handeln.

Aber er bekommt gleichzeitig noch eine sehr wichtige Nebenwirkung zu verspüren: Sein inneres Kraftzentrum ist durch eine solche Tätigkeit ständig im Wachsen. Je mehr gute und starke Krafteinheiten sich in seinem Bewußtsein speichern, um so stärker und wirksamer wird sein ganzes inneres Kraftpotential, das heißt, nicht nur sein Blickpunkt, sondern auch sein ICH und seine ganze seelische Persönlichkeit. Überall, wo sie sich einsetzen, entfalten sie eine erhöhte Kraftwirkung. Vor allem wächst ihre geistige Überlegenheit gegenüber allen dämonischen Einflüssen und Schwingungen. Die in ihrem ganzen Wesen angesammelten hochgeistigen Kraftpotenzen verbreiten nicht nur ausstrahlende Wirkungen, sondern auch Wärme und Licht.

Gerade das Bewußtseinszentrum des Kopfes umgeben sie mit einer immer sichtbarer werdenden Aureole, je gottähnlicher und reiner die Denktätigkeit wird. Licht und Wärme hüllen die ganze Gestalt in helles Licht und verklären sie – so wie sich einst Christus vor seinen Lieblingsjüngern in verklärtem Zustande zeigte. (Ev. Matth. 17, 1–8). Wie mag wohl eine derartige Ausstrahlung aller Bewohner dieser Daseinsebene auf ihre natürliche Umwelt wirken?

Sie kann nur als ein gewaltiges, hochschwingendes geistiges Kraftfeld in Erscheinung treten, und es muß sich bei den Bewohnern dieser höchsten geistigen Entwicklungsregion um die „Gemeinschaft des heiligen Geistes“ handeln. In diesem bisher so unklaren Begriff ist eine Zusammenfassung aller hochgeistigen Kraftwirkungen derjenigen enthalten, die ihren Weg wieder bis zu diesem höchsten Pol der geistigen Welt bahnten – sei es, daß sie dauernd hier verblieben, oder sei es, daß sie wieder zu ihm zurückkehrten, nach schweren und schwersten Erfahrungen ihrer Tiefenwanderung.

In dieser höchsten jenseitigen Geisteszentrale verkörpert sich der ursprünglich nur als „göttlicher Funke“ oder als „göttliche Grundidee“ in jedem einzelnen zur Selbstentfaltung übertragene Schöpfungsgedanke nun in vielfältiger und verstärkter Form. Er besitzt gegenüber allen anderen geistigen Entwicklungsstadien eine gewaltige Überlegenheit, nicht nur durch seine ungeheure Kraft und Quantität, sondern vor allem durch seine hochgeistige Qualität.

Dies kommt vor allem gegenüber dem Dämonismus und seinen niederen, schweren und zerstörenden Langwellen voll zur Geltung. Schon jede einzelne dieser geläuterten Seelen ist imstande, mit ihrer hohen Lichtfrequenz unangefochten durch die Bereiche der Dämonie zu wandern und alle Angriffe mühelos abzuwehren. Die große Gemeinschaft des Heiligen Geistes aber könnte, wenn es dem göttlichen Willen entspräche, mit ihren hohen Schwingungen die ganze dämonische Frequenz sofort nicht nur bis zur vollkommenen Ohnmacht schwächen, sondern sogar völlig vernichten. Sie besitzt also volle Gewalt über das negative Prinzip und über alle seine Vertreter.

Hier jedoch muß erwähnt werden, daß sie es nicht darf, weil gerade dem negativen Prinzip eine große und wichtige Entwicklungsaufgabe übertragen ist.

Es muß alle geistige Stagnation, alle satte oder faule Zufriedenheit verhindern, das heißt, es muß für ständig aufrüttelnde und zu immer erneutem Nachdenken zwingende Ereignisse und Beunruhigungen sorgen. Nur das hält die ewige Sehnsucht nach Frieden und Seligkeit wach, verwandelt sie in einen unwiderstehlichen inneren Trieb, ist also die geistige Unruh in der Uhr alles Lebendigen.

Für diese Hinweise war ich sehr dankbar, denn sie bewiesen, daß göttliche Weisheit auch in der Möglichkeit einer freiwilligen Abwärtsentwicklung seiner geschaffenen Seelen einen wichtigen Faktor der Besinnung verborgen hat, welcher sie gerade dann, wenn sie tiefstes Leid erlebten, mit um so größerer Gewalt wieder nach oben streben läßt.

Soviel steht jedoch fest, daß die äußere Beschaffenheit dieser höchsten geistigen Daseinsebene alles Vorstellbare an Schönheit, Lieblichkeit, Sanftheit und Herrlichkeit bei weitem übertrifft. Alles, was grünt und blüht und für seine Entfaltung zu reiner Schönheit auch reine Kraftgrundlagen braucht, findet sich hier und kann sich deshalb in voller Pracht entfalten. Und da die Ergebnisse veredelten Denkens gleichzeitig auch edle Geistesfrüchte darstellen, dankt auch die Natur für die Fülle guter Kraftausstrahlungen nicht nur mit Blüten, sondern auch mit herrlichsten Früchten.

Was sich dazu an Schönheiten in den Seelen entfaltet hat, das heißt an Entdeckungen, Erfindungen und Gestaltungen, findet seinen erhabenen Ausdruck in erlesenen Anlagen, lieblichen Hainen und blühendem Gerank überall.

In diesen herrlichen äußeren Rahmen sind nun die eigenen Schöpfungen der Bewohner dieser paradiesischen Region eingebettet als kleine und große Wohnstätten, Siedlungen und Lehrgebäude.

Eines darf vor allem nicht übersehen werden, nämlich die überragende Bedeutung dieses höchsten Pols geistiger Entwicklung. Er wird zu einem schicksalsbestimmenden Faktor alles Geschaffenen, ja des gesamten Schöpfungsbereiches. In dieser Daseinsebene haben sich göttliche Weisheit, Kraft und Genialität aufgeteilt in zahllose Einzelaufgaben, aber auch auf zahllose Helfer. Jeder, der hier lebt, ist ein freiwilliger und treuer Diener der großen göttlichen Weltordnung geworden.

Das aber macht aus dieser hohen Daseinsebene des Heiligen Geistes einen Sitz der Weltregierung, der Weltlenkung, der Vorsehung und der Zukunftsgestaltung. Es erhebt sie zu einer göttlichen schicksalbestimmenden Zentrale.

Um die Gesetze zu erkennen, nach denen diese einmalige Weltregierung in ihrem Bereich wirkt, braucht es langer Beobachtungen und gründlicher Erfahrungen. Ich bin überzeugt davon, daß die göttliche Weltregierung zum mindesten im Bereich unseres Sonnensystems, ähnlich wie es ja auch im Reich des Dämonismus der Fall ist, einen einzigen überragenden „König, Herrn und Meister" hat: Christus! In ihm konzentriert sich die gewaltige Kraft, die in der Gemeinschaft des Heiligen Geistes zusammengeballt ist. Er ist der aktive Blickpunkt dieser Gemeinschaft. Sie macht ihn auch zum Herrn über die Dämonie und ihrem auf dem ganzen negativen Kraftprinzip errichteten Gewaltreich.

Warum gerade Christus als höchster Repräsentant der göttlichen Weltregierung? Es gibt doch noch eine ganze Reihe anderer einflußreicher Führer großer Weltreligionen, wie z.B.: Buddha, Laotse, Konfuzius, Moses, Mohammed, um nur einige zu nennen.

Alle ihre Lehren stehen mehr oder weniger in einem inneren Zusammenhang, davon bin ich überzeugt, denn sie haben ja alle die gleiche gegebene Grundlage. Aber während ich alle anderen Religionen mehr für religiös-philosophische Lehrsysteme ansehe, ergeben sich für das Christentum so zahlreiche Übereinstimmungen mit der Wissenschaft vom Geist und seinen Erscheinungsformen, daß ich diese Nachweise für realistischer, begründeter und überzeugender halte.

In ihr kommt die Bedeutung geistiger Energien und ihre richtige gesinnungsmäßige Ausprägung sehr deutlich zum Ausdruck, nicht nur als ständige Hinweise auf die praktischen Auswirkungen einer veredelten Denkweise, z.B. Seligpreisungen und Gleichnisse, sondern auch als bewußte Gegenwirkungen bei feindlichen Kraftströmungen durch die ewiggültige Ermahnung nach Matth. 5,44 und vor allem in den zahlreichen praktischen Beispielen von Heilungen und von Dämonen-Austreibungen durch hochgeistigen Energieeinsatz. Eine solche Lehre bedeutet gegenüber denen, die noch von Rache und Vergeltung reden, also von Auge um Auge und Zahn um Zahn, einen bedeutenden Fortschritt, weil sie den Nachweis ihrer wissenschaftlichen Übereinstimmung und Richtigkeit erbringen kann.

Wir haben uns also als Weltbürger zu erkennen, die sich im Schmelzofen zweier gewaltiger, aber völlig entgegengesetzter geistiger Kraftfelder befinden – dem negativen der Dämonie und dem positiven des Göttlichen. Beide großen Reiche haben an den Bewohnern der irdischen Ebene, jedoch auch an denen der dazwischenliegenden geistigen Bereiche, das gleiche Interesse, aber aus sehr unterschiedlichen Motiven: Der egoistische Dämonismus strebt nur nach Machterweiterung und Ausdehnung, das göttliche Prinzip hingegen nur nach hilfreicher Unterstützung aller Aufstrebenden. Entsprechend dieser verschiedenen Ziele sind auch die von beiden verwendeten Mittel grundverschieden.

Die dämonische Methode arbeitet mit ständigen Beunruhigungen und bewußten Ablenkungen von Entwicklungsmöglichkeiten. Sie zeigt sich als der große Verführer zu einer erniedrigenden Denk- und Handlungsweise und arbeitet ganz bewußt mit ihren überlegenen geistig-technischen Kenntnissen durch negative Beeinflussungen und rücksichtslose geistige Vergewaltigungen. Sie zieht deshalb gewaltsam und bewußt nach unten.

Das göttliche Prinzip hingegen, welches über die gleichen überlegenen Kräfte verfügt, vermeidet bewußt jeden Zwang und jede gewaltsame Beeinflussung, weil es weiß, daß alle inneren Widerstände erst dann völlig überwunden werden können, wenn das Verlangen der Beteiligten aus Erfahrung, aus Sehnsucht und aus Überzeugung ein freiwilliges ist und weil es dann keine Rückfälle mehr befürchten läßt. Es hilft deshalb nur auf Anruf und auf persönliche Bitten.

Das ist ein großer und genau zu beachtender Unterschied. Die Hilfeleistungen des göttlichen Prinzips können trotzdem sehr vielseitiger Art sein. Einmal kann es sich dabei um Wünsche nach Erkenntniserweiterung, das heißt nach neuen wichtigen Einsichten, handeln, dann aber in vielen Fällen um praktische und kraftmäßige Unterstützung in Fällen leiblicher, geistiger oder seelischer Notzustände, also bei Krankheiten, schicksalhaften Ereignissen, schwierigen Lebensverhältnissen und negativen dämonischen Beeinflussungsversuchen.

In allen diesen Notlagen ist es mit der gewaltigen Schar seiner Diener jederzeit einsatzbereit – aber nur nach Anruf!

Deshalb kommt es sehr darauf an, daß die geistigen Hilferufe und Bitten auch wirklich ihr Ziel erreichen, um Hilfe auszulösen. Nicht alle Wünsche verfolgen einen innerlich fördernden und erhebenden Zweck. Bei sehr vielen handelt es sich um törichte Anforderungen. Hochgeistige Hilfe hat jedoch immer nur entwicklungsfördernde Ziele im Auge, nie andere!

Bitten um Reichtum und Überfluß werden dort also nie Gehör finden, weil ihre Erfüllung meist gerade zu entgegengesetzten Auswirkungen führt.

Für alle Weltbürger ist es deshalb unerläßlich, sich jederzeit mit der hohen „Weltregierung" in Verbindung bringen zu können, um bei vorhandenen Bedürfnissen Hilfe zu erbitten. Gerade für diesen wichtigen Zweck wird es darum noch einmal notwendig werden, sich mit der geistigen Kontaktmethode zu beschäftigen. Denn es ist ganz offensichtlich, daß die bisher angewendete Gebetsart selten zu erfolgreichen und unmittelbaren Verbindungen ausgereicht hat.

Um die höchste christliche Zentralstelle – also Christus selbst – zu erreichen, kann es niemals genügen, ihn nur durch eine kurze Erwähnung seines Namens anzurufen. Jeder erfolgreiche Anruf muß im Gegenteil ein wahrnehmbarer geistiger Kraftimpuls sein und deshalb möglichst aus der eigenen Seele kommen.

Es genügt auch nicht, ein gelerntes Gebet einmal oder vielmal hintereinander ohne starke innere Anteilnahme mechanisch herzusagen. Seine Wirkung wird nie durch die Länge, sondern immer nur durch den darin enthaltenen geistigen Kraftimpuls und durch seine Schwingungshöhe erzielt, das heißt, durch die darin vorhandene Sendestärke.

Das bedeutet, daß der auf sein hohes Ziel konzentrierte seelische Blickpunkt erst durch Atemkraft zum seelischen ICH verstärkt und sich dort mit seiner vorhandenen Kraftpotenz bemerkbar machen muß, um sodann sein Anliegen vorzubringen, hohe stärkende Kraftschwingungen zu empfangen und möglicherweise auch unmittelbare tröstende Antworten zu erhalten.

Wer den ganzen Kontaktvorgang nicht kennt, das heißt, seine einzelnen Phasen nicht versteht und sie nicht praktisch durchzuführen gelernt hat, wird kaum einen echten Erfolg verspüren. Ohne sorgfältiges Anpeilen des Zieles, ohne Aufwendung von genügend geistiger Sendeenergie und ohne verspürte Verbindung des eigenen mit dem göttlichen ICH müssen alle Versuche scheitern.

Wir müssen also nach den bisherigen Erkenntnissen und Erfahrungen eine echte Gebetsverbindung zu Christus durchführen, welche die folgenden Phasen enthält:

1. Konzentration auf den seelischen Blickpunkt in der seelischen Pforte.
2. Zur Verstärkung seiner Sendeenergie und zur Entwicklung zum seelischen ICH beginnt er den Atemrhythmus aufzunehmen.
3. Mit diesem atmenden ICH-IMPULS wird nun durch Konzentration auf die Person Christi nach Matth. 7,7 (klopfet an, so wird EUCH aufgetan) „angeklopft", das heißt, er konzentriert sich entweder auf seinen mit ihm untrennbar verbundenen Namen oder auf seine bildliche, bzw. plastische Darstellung. Darauf erfolgt aufmerksames und abwartendes Verhalten auf eine Gegenreaktion.
4. Diese Gegenreaktion ist dadurch fühlbar, daß der eigene Atemrhythmus von Christus aufgenommen und weitergeführt wird. Das bedeutet: Die Tür ist jetzt geöffnet! Das eigene ICH steht jetzt dem Gerufenen unmittelbar gegenüber. Es verspürt seine milde Ausstrahlung, in der sich die ganze friedvolle, beruhigende, warme und erhebende Denkungsart widerspiegelt. Ja, es fühlt sogar die gegenseitige Durchdringung beider ICHs, was sich in einer hoheitsvollen Veränderung der Gesichtszüge und der eigenen Haltung, mitunter sogar in segnenden Handbewegungen ausdrückt.

5. Für zwei lebendige Persönlichkeiten ist damit der unmittelbare geistige Kontakt hergestellt. Das Anliegen kann also nun vorgebracht, Trost und Antwort können empfunden, und eine starke Kraftübertragung kann verspürt werden.
   Alle diese erhebenden Wahrnehmungen machen die direkte Verbindung mit dem hohen christlichen Prinzip zu einem unvergeßlichen Erlebnis.

In dieser Weise stelle ich mir den Zugang zu dem hohen göttlichen Prinzip nicht nur vor, sondern so habe ich es auch selbst erlebt. Oft fühle ich mich so stark von wunderbaren mild–warmen Kraftstahlungen durchdrungen, daß ich jubeln möchte. Ich weiß, daß Christus lebt, daß er heute noch wirkt und daß ich den Weg zu ihm nie mehr verlieren kann.

Geistige Schwingungs- und Wertungstabelle:

Markante Erkennungs- und Unterscheidungsmerkmale.

Denktätigkeit zunehmend menschenfreundlich und göttlich			
strahlend, mild, warm, beglückend	+++ 7		Hochgeistiges Wissen und Wirken, ausgeprägte Nächstenliebe, Hilfsbereitschaft, selbstlos, Dienst für alle.
anziehend, erwärmend, herzlich	++ 6		Wachsende Menschenliebe und Hilfsbereitschaft, zunehmendes geistiges Forschen, bewußte Denkpraxis und Denkkontrolle.
harmonisch, gutmütig, angenehm	+ 5		Wachsendes Wohlwollen und Mitgefühl, Untersuchung geistiger Kraftwirkungen, erhöhtes Wahrnehmungsvermögen.
friedlich, freundlich, umgänglich	4	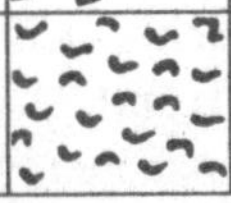	Angenehmes Umgangsklima, ernste wissenschatliche Studien, beginnendes Interesse für geistige Probleme.
Denktätigkeit noch mechanisch und unentschieden			
vorwiegend freundlich, wechselnd	3	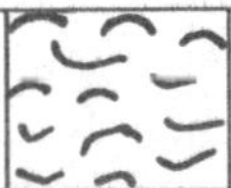	Gemilderte ICH-Sucht und materielles Streben, geistige Regsamkeit, Bedürfnis, einen Zweck zu erfüllen.
undurchsichtig, geschäftig	2		Innere Unausgeglichenheit, Gleichgültigkeit gegen andere, ausgeprägtes Gewinndenken und -streben.
wechselhaft, mal gut, mal böse	1	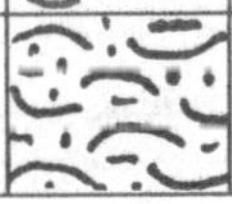	Reiner Erwerbssinn, oft rücksichtslos und heimtückisch, völlige Unkenntnis geistiger Werte.
Denktätigkeit zunehmend menschenfeindlich und dämonisch			
gehässig, abstoßend, aggressiv	– I	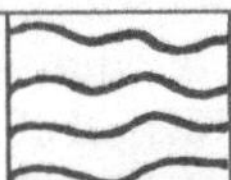	Krankhaft egoistisch, Menschenfeind voll Bosheit, ausgeprägtem Haß, Falschheit, List und Streitsucht.
gefährlich, kalt, grausam	–– II	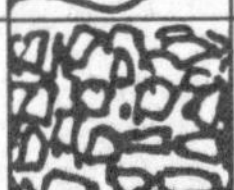	Tückisch, hinterlistig, rücksichtslos, Menschenverachtung, Zerstörungs- und Vernichtungstrieb.
eiskalt, haßerfüllt, negativ	––– III		Total gefühllos, innerlich versteinert, organisierter Menschenhaß, nihilistisch, gottfeindlich, absoluter Tiefpunkt.

23. 4. 88/WI

Die geistige Weltregierung und ihre Gesetze

In den letzten Jahren habe ich viel über das Christentum als großes göttliches Weltproblem nachdenken müssen, nachdem ich mit seinem Begründer in unmittelbare Berührung gekommen war. Heute weiß ich, daß es keine Erscheinung ist, die sich nur im irdischen Bereich etabliert hat, sondern daß seine großen Grundgedanken auf fester wissenschaftlicher Basis befindliche reale Tatsachen bilden, welche auch im Bereich aller jenseitigen Daseinsebenen die gleiche überragende Bedeutung besitzen.

Bisher war die Religion nur Gottesverehrung auf der Grundlage uralter Überlieferungen einzelner Menschen. Jetzt aber ist sie sachlich und logisch begründete Gotteserkenntnis geworden durch die Lehre vom Geist und hat damit nicht nur ihre Bestätigung, sondern auch ihre Berichtigung und überzeugende Beweiskraft erhalten. Mit vollem Recht kann sie sich jetzt meiner Meinung nach als die Wissenschaft von Gott und seinem großen Werk bezeichnen, denn je klarer ein Werk erkannt ist, um so klarer ist auch sein Schöpfer erkennbar.

Ich bin fest davon überzeugt, daß einige der großen Religionsstifter, nachweislich vor allem Christus, die Wissenschaft von der universalen Energieart des Geistes sehr genau kannte, zumal er ja damit die erstaunlichsten Wundertaten vollbrachte. Sicherlich hätte er damit alle seine Lehren überzeugend durch genaue wissenschaftliche Erklärungen begründen können, wenn dafür zu seiner Zeit bereits das allgemeine technische Verständnis vorhanden gewesen wäre. Es ist ja selbst in der heutigen Zeit nicht ganz einfach, die geistigen Vorgänge und ihre Technik so darzustellen, daß sie für alle begreiflich und überzeugend werden, und dies trotz erweiterter Schulbildung und allgemeinen technischen Fortschritten überall. Deshalb konnte er seine Lehren nur glaubhaft machen, jedoch nicht beweisen und mußte diese dazugehörende Aufgabe einer späteren Zeit – der unsrigen – überlassen.

Trotzdem steht für mich fest, daß Christentum und Geistwissenschaft genau dasselbe sind – nämlich die großen Grundgedanken und Gesetzmäßigkeiten der ganzen Schöpfung, nicht nur im irdischen, sondern auch im jenseitigen Bereich.

Damit sollte es auch keine geistigen Zersplitterungen und keine Streitigkeiten mehr geben, weder zwischen den großen Weltreligionen noch zwischen ihren mannigfaltigen Konfessionen und Sekten.

Alle, soweit sie noch auf Glauben ausgerichtet sind, besitzen jetzt in der Lehre vom Geist und seinen schöpferischen Energiegestaltungen das grundlegende wissenschaftliche Fundament, um sich selbst noch einmal in allen ihren Aussagen und Lehren zu überprüfen, in ihren zeitbedingten Abweichungen zu korrigieren und damit wieder zu einer großen geistigen Einheit zusammenzuwachsen ... auch im religiösen Frieden auf Erden.

Gerade diese religiösen großen wie kleinen Zersplitterungen sind ja der eindeutige Beweis, daß die Sehnsucht nach göttlicher Wahrheit und Erkenntnis riesengroß ist, daß sie aber ihre gemeinsame Grundlage noch nicht gefunden haben kann.

Ich fürchte nur, daß darüber noch Jahre vergehen können, ehe es zu dieser großen Einheit und zu dieser gemeinsamen Grundlage kommt. Die großen Religionssysteme, ihre Konfessionen und Sekten sind ja nicht nur religiöse Angelegenheiten, sondern eng verquickt mit Macht- und Geldfragen. Diese werden sich voraussichtlich als die stärksten Hindernisse einer Einsicht und Umstellung erweisen – wenn nicht schließlich die Masse suchender Menschen und der durch sie ausgeübte Druck sie und ihre Vertreter hinwegfegt und sich in ihrem Bestreben nach Wahrheit nicht mehr zurückhalten läßt. Anzeichen dafür sind heute schon vorhanden.

Aber diese Entwicklungsvorgänge können wir ruhig der Zukunft und – der großen göttlichen Weltregierung überlassen. Ihre leitende Hand ist überall und durch alle Jahrtausende hindurch sichtbar, und es ist nun an uns, den Versuch zu unternehmen, ihre zusammenhängenden erkennbaren Leitsätze und Grundgedanken zu entdecken.

Wenn es eine solche große einheitliche Weltregierung gibt, woran ich nicht zweifle, dann müssen alle ihre Maßnahmen auch einen einheitlichen folgerichtigen und nachweisbaren Charakter haben.

Zu ihren fundamentalen Tatbeständen gehört zunächst die Existenz lebendiger Wesenheiten mit der Fähigkeit, durch ihr Denkvermögen eigene neutrale geistige Energien in ihrem Sinne auszuprägen, durch Verbindung mit Urmaterie zu realisieren und dem darin gespeicherten Energiegehalt dauernde Wirksamkeit zu verleihen.

Weiter gehört dazu die Tatsache, daß gerade diese Erkenntnis von Anfang an gar nicht vorhanden war, sondern erst allmählich im Laufe unendlich langer Zeiträume auf dem Wege über viele unangenehme Erfahrungen mühsam gefunden werden mußte.

Daraus ist zu schließen, daß das große schöpferische Prinzip, welches diese lebendigen und denkfähigen Wesenheiten schuf, darin bewußt einen Entwicklungsvorgang sah, der für alle Geschaffenen ein Ziel und eine große Daseinsaufgabe darstellte. Alle besaßen also die gleiche schöpferische Fähigkeit wie der große Urheber und sahen sich nun vor der Bestimmung, diese Begabung zu erkennen und damit richtig umgehen zu lernen.

Jeder vermochte nun alles, was er neben sich und um sich sah, auf dem Wege einer mehr oder weniger gründlichen Beobachtung geistig nachzugestalten, sich darüber die zugehörenden Gedanken und Gefühle zu bilden und diese neue Vorstellung durch ihren Krafteinfluß auf noch völlig neutale Urmaterie geistig zu realisieren und zu materialisieren. Jedes äußere Objekt wurde durch diese Geistesarbeit in ein inneres aus urstofflicher Substanz und mit eigenen hinzugefügten Kraftzusätzen umgewandelt, das heißt, zu einer inneren Bewußtseinseinheit ausgeprägt. In ihr blieben gerade diese nun nicht mehr neutralen, sondern individuell geformten Kraftzusätze als geistiger Energiegehalt lebendig, wirkten deshalb in eben dieser Weise immer wieder auf das ICH ihres Urhebers zurück.

Damit wurde nun natürlich jeder auch von seinem eigenen Bewußtseinsinhalt und von seinen eigenen Kraftgestaltungen abhängig und ständig beeinflußbar.

Der ganze Vorgang vollzog sich völlig unbemerkt. Diese neugeschaffenen kleinen geistigen Schöpfer wußten also nichts von ihrer Fähigkeit und den daraus auf sie selbst erfolgenden Rückwirkungen.

Sie betätigten sich sorglos und munter ununterbrochen weiter, ohne zu bemerken, daß sich in ihnen Veränderungen anbahnten, welche durch die selbst erzeugten Kraftbestände ihres Bewußtseins entstanden. Je nach Erzeugung waren dieselben angefüllt mit teils guten, teils jedoch auch schlechten oder gar schädlichen Kraftpotenzen. Sie begannen deshalb, den ursprünglich harmonischen seelischen Zustand durch eigene Einwirkungen umzugestalten, ihn richtungsmäßig auszuprägen, durch anhaltende Betätigung in einer gleichbleibenden Richtung besondere Triebkräfte zu entwickeln und diese nun in sich lebendig werden zu lassen.

All das vollzog sich lange Zeiten hindurch völlig unbewußt und unbemerkt. Um endlich darauf aufmerksam zu werden, die inneren Vorgänge sorgfältiger zu beobachten'und endlich genau zu analysieren, brauchte es viel Zeit, gab jedem reichlich Gelegenheit, nach einer Fülle meist negativer praktischer Erfahrungen die überlegene Bedeutung innerer Denkvorgänge und die Schaffung einer guten Gesinnungsgrundlage zu erkennen, bzw. zu verwirklichen und also das gesteckte Entwicklungsziel zu erreichen.

Hier erhebt sich nun noch einmal die Frage, warum die geschaffenen Seelen nicht von Anfang an auf diese Vorgänge hingewiesen wurden und warum daraus ein großes schöpferisches Geheimnis entstand.

Ihr Schöpfer konnte aus ihnen nur auf der Grundlage der Freiwilligkeit und einer umfassenden Kenntnis geistiger Energieumwandlungen wirklich tatkräftige und brauchbare Helfer seines großen Werkes gewinnen – nicht anders!

Wären sie von Anfang an auf die Folgen einer falschen Handhabung ihrer geistigen Energien hingewiesen worden, so hätte sich jeder aus Angst vor negativen Nachwirkungen gehütet, davon einen uneingeschränkten Gebrauch zu machen. Sie wären deshalb alle nur Marionetten geblieben, ohne den ganzen Umfang geistiger Kraftwirkungen persönlich nach der positiven und negativen Seite hin kennenzulernen. Ich betrachte das als eine sehr weise und erzieherische Maßnahme!

Es war deshalb vorauszusehen, daß die geschaffenen Seelen in Unkenntnis ihrer schöpferischen Gabe innerer Krafterzeugung vielfach einen falschen, für sie also schädlichen, Gebrauch machen würden. Jeder Mißbrauch aber mußte sich in nunmehr getrübten und unrein gewordenen geistigen Krafterzeugnissen äußern, das heißt, in belastenden, beschwerenden und von der bisherigen Höhe herunterziehenden Bewußtseinseinheiten. Da es sich dabei um stoffliche Substanzen handelte, wirkten sie sich auch für die ganze Persönlichkeit spezifisch beschwerend aus. Auch dieser Vorgang war vorauszusehen und erforderte deshalb von Seiten der Weltregierung rechtzeitig vorbereitete Maßnahmen.

Entsprechend der zunehmenden Ausstrahlungsverschlechterung und der dadurch bedingten Gewichtsvermehrung mußte es zwangsläufig immer wieder zu einem großen Fall oder Sturz in neue Daseinsebenen mit abnehmenden Lebensverhältnissen kommen, wie sie den verminderten Schwingungszuständen entsprachen. Daraus wird nun die Entstehung der geistigen Welt bis hinab in die finsteren Bereiche der Dämonie erklärlich und als natürliche Folge auch verständlich.

Selbst die Dämonie ist deshalb als eine solche natürliche Entwicklungserscheinung aufzufassen und nicht etwa, wie es vielfach geschieht, als Schöpfung. Auch das dämonische Prinzip hat sich auf der Basis einer freiwilligen Ausschöpfung gegebener Möglichkeiten durch erhöhte Intelligenz und durch eine frühzeitige umfassende Erkenntnis geistig-technischer Maßnahmen erst zu dem großen negativen Gewaltsystem entwickelt – wenngleich auch dies von der „Weltregierung" vorausgesehen und zu einem wichtigen Faktor für die Entwicklung der Seelen gemacht wurde. Es gibt nichts im gesamten Schöpfungsbereich, das ohne einen einschlägigen Zweck wäre und im großen Rahmen zusammenhängender Grundgedanken nicht besonderen Zielen dienen müßte.

Dennoch konnte die göttliche Weltordnung nicht übersehen, daß sich mit der zunehmenden Vermehrung negativer Bewußtseinskomplexe der Seelen ihre inneren Zustände ständig kritischer gestalteten, daß es also immer häufiger zu gegenseitigen Exzessen und damit zu Erschwerungen und Behinderungen kommen würde. Damit verminderten sich zusehends die Möglichkeiten, den Rückweg und die Entdeckung des großen Schöpfungsgeheimnisses über die Bedeutung der geistigen Energieart zu finden. Je größer Unwissenheit und Entartung, um so schwieriger auch die gegenseitge Belehrung, um so abweichender die Interessen von den großen göttlichen Gesetzmäßigkeiten und Plänen.

Dazu gesellte sich noch eine weitere Unmöglichkeit, nämlich an anderen begangene Verfehlungen wieder gutzumachen, das heißt, die eigene Schuld durch eine gleichwertige Wiedervergeltung in ihrem ganzen Umfange zu erkennen, wie es das wichtige geistige Gesetz des Karmas vorschreibt. Über die Auswirkungen seiner Fehler an anderen machen sich die meisten oft recht oberflächliche Vorstellungen, um das eigene Schuldgefühl zu vermindern. Das gibt ihnen Gelegenheit, nicht selten über schicksalhafte angebliche Ungerechtigkeiten zu schimpfen. Die göttliche Weltregierung legt allergrößten Wert darauf, völlig gerecht zu verfahren und nur diejenigen wieder in ihre Reihen aufzunehmen, die sich zuvor von ihrem Fehlverhalten ganz entlastet haben. Durch die geistigen Schwingungsunterschiede aber kommt es häufig vor, daß sie sich in den geistigen Daseinsebenen weit voneinander getrennt haben und dort nicht mehr zusammenkommen können, wie aus dem bekannten Gleichnis vom reichen Mann und vom armen Lazarus hervorgeht.

Aber auch dieses wichtige Problem wurde selbstverständlich gelöst.

Es verblieb dafür nur die einzige Möglichkeit, unter Veränderung der bisherigen urstofflichen Grundlagen eine neue, dichtere und massivere Daseinsebene zu schaffen, auf welcher Seelen aller Daseinsebenen wieder nebeneinander leben, sich gegenseitig belehren und – soweit erforderlich – sich von alten Schuldverpflichtungen gegenüber anderen wieder befreien könnten.

Wer alle diese großen logischen Zusammenhänge plötzlich einmal erkennt, ist immer in höchstem Maße erstaunt. Gerade als Gesamterscheinung wirken sie besonders eindrucksvoll, denn sie zeigen, daß es sich dabei um gewaltige Probleme, um intelligente Überlegungen und um geniale Lösungen handelt, deren Urheber nur ein weit überlegener Geist sein kann! Sein gewaltiges Werk ist ein Werk aus einem einzigen zusammenhängenden Guß. Nirgends ist Stückwerk sichtbar. Überall zeigt sich Weisheit, Voraussicht und Genialität.

Auch die Entstehung der neuen gemeinsamen Daseinsebenen wurde in genialer Weise gelöst:

Alle ausprägbaren neutralen urstofflichen Substanzen bildeten ja das Arbeitsmaterial, mit welchem das schöpferische göttliche Prinzip seine eigenen Vorstellungen realisiert und materialisiert. Und mit den gleichen neutralen urstofflichen Substanzen gestalten auch alle erschaffenen Seelen ihren eigenen Bewußtseinsinhalt weiter. Die dabei durch ihren eigenen Verdichtungsakt entstehenden Veränderungen waren die Ursachen, welche zur Entstehung so unterschiedlicher jenseitiger Daseinsebenen und zur schwingungsmäßigen Trennung ihrer Bewohner führten.

Daraus ergab sich, daß gerade diese neutrale und bisher auf alle geistigen Regungen sofort reagierende Substanz verdichtet werden mußte. Sie mußte so verändert werden, daß daraus ein zweites beschwerendes und alle Seelen gleichmäßig umkleidendes Material entstand. Sein erhöhtes spezifisches Gewicht hielt sie auf einer neu zu schaffenden Ebene fest und gestattete ihnen, dort wieder trotz schwingungsmäßiger innerer Verschiedenheiten nebeneinander zu leben.

Diese neue Ebene konnte nur eine Oberflächenebene sein und die neue Substanz nur durch eine Kombination und einen zweiten Verdichtungsvorgang geschaffen werden. Zwei verschiedene urstoffliche Grundelemente – ein positives und ein negatives – mußten so aufeinander wirkend und sich gegenseitig anziehend abgestimmt werden, daß sie sich kraftmäßig zu einer neuen gemeinsamen Grundeinheit ergänzten, wie das zum Beispiel beim Wasserstoffatom durch ein + Proton und ein – Elektron geschieht. Alle diese Grundeinheiten sind deshalb reine Kraftfelder, das heißt, nahezu leere Räume mit winzigen Urstoffelementen, aber großen Wirkungsbereichen geworden und ergaben durch ihre Vervielfältigungs- und Kombinationsfähigkeit, wie dies in dem periodischen System der Elemente zum Ausdruck kommt, die Grundlage für eine neue schöpferische Konstruktion aus erheblich schwereren, massiveren, schwingungsmäßig ebenso unterschiedlich zusammengesetzten Bestandteilen der neuen atomaren Materie.

Mit diesen vorangehenden Erläuterungen möchte ich die großen Zusammenhänge nochmals aufzeigen, die zwischen der irdischen und den jenseitigen Daseinsebenen, aber auch zwischen ihren Bewohnern bestehen. Sie sind keineswegs wesensmäßiger, sondern rein stofflicher Art und beruhen auf einer nochmaligen zweiten Verdichtung und Zusammensetzung urstofflicher Grundelemente.

Es ist außerordentlich wichtig, diese Tatsachen zu erkennen und festzuhalten, denn sie zwingen dazu, die menschlichen Verhältnisse und Zustände nicht wie bisher immer nur aus irdischer Perspektive zu sehen, sondern aus einer wesentlich erweiterten Weltanschauung. Vor allem aber zeigen sie auf, daß menschliches Dasein keineswegs mit dem Tode aufhören kann, sondern daß es schon vorher war, daß seine Anlagen, Triebe, Neigungen, Interessen und besonderen Begabungen schon lebendiggebliebene Kraftwirkungen und Zeugen vorangegangener Entwicklungen sind und daß der irdische Zustand nur eine auf besondere Umstände zurückzuführende vorübergehende Daseinsepoche ist.

Zu einem möglichst vollständigen Bild der Weltregierung, ihrer Einrichtungen und ihrer gesetzmäßigen Maßnahmen gehört nun jedoch auch eine Erklärung und Beschreibung des Inkarnierungsvorgangs geistiger Bewohner auf unserer irdischen Daseinsebene.

Die Durchführung dieses Vorgangs ist kompliziert und hat nicht nur eine weise Voraussicht, sondern auch eine vorangegangene lange Vorbereitungszeit benötigt bis zu ihrer praktischen Anwendung.

Denn in diesen Zeitraum fällt nicht nur die Konstruktion zusammengesetzter atomarer Grundstoffe und Verbindungen, sondern auch die Schaffung von Sonnensystemen, die Entwicklung lebensfähiger Organismen in einer langsam fortschreitenden Stufenleiter bis zu einer letzten menschenähnlichen tierischen Höchstform. (Bitte lesen Sie weiter, ich vertrete nicht Darwins Lehren!) Und erst als dieses Stadium erreicht war, konnten irdische Wiederverkörperungen jenseitiger Bewohner durchgeführt werden.

Bei dieser Darstellung werden wir wohl immer mit dem Einwand rechnen müssen, daß die heutige Wissenschaft diese Vorgänge anders sieht. Da sie besondere geistig–urstoffliche Realisierungen nicht kennt (oder akzeptiert), betrachtet sie die ganze organische Entwicklung nur als körperliche Vorgänge einschließlich der Denkvorgänge als eine ebenfalls körperlich bedingte Eigenschaft. Die menschliche Entstehungsgrundlage sieht sie in den Chromosomen und den Ursprung allen Lebens auf der Erde in den Zellen. Daraus hat sich dann in langen erdgeschichtlichen Zeiträumen aus einfachsten Formen und ihren gelegentlichen Abwandlungen, bedingt durch Umwelteinflüsse wie Witterung, Ernährung, Entartung, Zuchtwahl und anderes mehr, schließlich im Laufe von Jahrmillionen über die höchste menschenähnliche Tiergattung auch die heutige menschliche Form entwickelt.

In dieser Darstellung spielen also nur rein mechanische und zufallsbedingte Umstände die Hauptrolle. Die Mitwirkung einer schöpferischen Intelligenz ist hierbei nicht nachweisbar, findet darin also keinen Platz.

Selbst ohne schon vorhandene geistwissenschaftliche Vorkenntnisse kann sich niemand der Tatsache verschließen, daß diese Annahme ein totaler Irrtum sein muß.

Niemals könnte eine geistlose Entwicklungsmechanik so wundervolle Kunstwerke schaffen, wie es jede pflanzliche, tierische oder gar menschliche Erscheinung darstellt. Was alle diese Gebilde bis hinunter zur kleinsten Zelle auszeichnet, ist ein unergründlicher Geist, eine bewundernswerte Konstruktionsfähigkeit, ein wechselseitiges Zusammenwirken zahlloser verschiedenartiger Teile und Organe, eine unerschöpfliche Ideenfülle, eine Anpassungsfähigkeit und ein unnachahmliches Gestaltungsvermögen, welches Luft, Wasser und Erdreich gleichermaßen bewohnbar machte und jedem einzelnen Geschöpf entsprechend angemessene Lebensräume zuteilte. Und das alles ist nicht nur in lebendigen Einzelobjekten erkennbar, sondern in einem riesigen harmonischen, mit großer Sorgfalt und Zweckmäßigkeit aufeinander abgestimmten Weltrahmen. Überall stoßen wir auf Geist, auf Ideen, auf Weisheit, aber auch auf Fürsorge und liebevolle Ausstattung jedes einzelnen Geschöpfes. Wer in diesen Dingen nicht einen großen Geist als Urheber erkennt, weiß überhaupt nicht, was Geist eigentlich ist!

Geist ist immer Intelligenz, gepaart mit gebundener Kraft, um überhaupt wirken zu können. Geistige Kraft braucht zu ihrer Bindung eine feine, reagenzfähige urstoffliche Materie. Beginnt denn das schöpferische Intelligenzzentrum seine Energien auszuprägen, so gestaltet sich gleichzeitig deren urstoffliche Bindung mit, so daß reale Urstoffgestaltungen entstehen.

Wie nun alle Geistesprodukte zeigen, lebt und wirkt die in ihnen gespeicherte Kraft nach Umfang und Inhalt weiter. Wo immer wir also auf bereits ausgestaltete Ideen treffen, kommt in ihnen ein darin vorhandenes geistiges Urstoffelement zur Wirkung, und zwar genau in dem Rahmen seiner vorausgegangenen primären schöpferischen Formulierung – auch bei allen abermaligen Verdichtungen in atomarer Materie.

Wissenschaftliche Erkenntnis irrt also, wenn sie die wundervolle Ausgestaltung unserer Natur als Ergebnis rein zufälliger mechanischer Vorgänge ansieht und nicht als ein bewundernswertes schöpferisches Werk eines erhabenen Geistes.

Wie aber können wir uns nun den Inkarnationsvorgang, das heißt, die Wiederverkörperung einer Seele, im irdischen Bereich vorstellen?

Da der menschliche Körper eine stofflich-atomare Erscheinung ist, beginnt er wie das Wasserstoffatom mit einer Vereinigung zweier Komponenten, nämlich einem positiven Samenfädchen und einer negativen Eizelle. Beide entsprechen also dem Proton und dem Elektron des Atoms.

Ihre Vereinigung erfolgt unter deutlich fühlbaren elektromagnetischen Kraftströmungen. Diese besondere Kraftart bewirkt zuerst die gegenseitige Anziehung beider Komponenten, erzeugt aber danach einen winzigen elektromagnetischen Kreislauf, der sich weiterhin ständig aus dem Kraftfeld der Mutter verstärkt.

Seine Strömungsrichtung wirkt auch auf den mütterlichen Blutkreislauf ähnlich ein, wie die großen elektro-magnetischen atmosphärischen Strömungen auf die gröberen flüssigkeitsenthaltenden Wolkenbildungen, das heißt, es führt zur Entstehung eines sekundären parallelgeschalteten Blutkreislaufes. Wie beim Vorgang der Elektrolyse werden nun die im Blut befindlichen stofflichen Bestandteile verteilt und abgelagert.

Der menschliche Körper ist jedoch hinsichtlich seines Knochenbaus, seiner Muskulatur, seines Blutkreislaufes und seines Nervensystems ein so kompliziertes Gebilde, daß die Frage wichtig erscheint, nach welchem Modell sich dieser Aufbau vollzieht. Es muß ein Modell sein mit einem männlichen und einem weiblichen Aspekt. Wo aber liegen dazu die Pläne und die Impulse?

Wir können dabei von der Feststellung ausgehen, daß es sich um zwei verschiedene Formen handeln muß, nämlich:

1. Um ein allgemeines Grundmodell und
2. um ein bereits ausgeprägtes und individuell verschiedenes Modell.

1. Das allgemeine Grundmodell ist die in langen vorangegangenen Zeiträumen entwickelte allgemeine menschliche Grundform. Ihr

Vorstellungsbild, bzw. ihr ICH mit allen dazugehörenden Grundideen schlummert bereits in konzentrierter Form in allen Samenkörnern und Keimzellen. Es tritt bei allen lebendigen Organismen – pflanzlichen, tierischen und menschlichen – immer als gleichbleibende Grundform in Erscheinung. Dazu gehört nicht nur die übliche Gestalt, sondern auch die allgemeine Wesensveranlagung.

Alle diese Grundmodelle wurden in langen erdgeschichtlichen Zeiträumen systematisch aus primitivsten Anfängen bis zu einer dem Menschen ähnlichen höchsten Tierform weiterentwickelt. In allen realisierte sich ihr Ich, das heißt ihr bis dahin entfaltetes Intelligenz- und Energiezentrum, und zwar in ihren Samen- und Keimzellen. Teils durch Bestäubung, teils durch Vereinigung begann es sich zu entfalten, wurde aktiv und fing an, die in ihm wirksamen geistigen Ideen und Richtlinien zu verwirklichen, selbst die kompliziertesten und vielseitigsten.

Das ist der Zustand, welcher auch in den Anfangsstadien des menschlichen Embryos sichtbar wird.

2. Zwischen der höchstentwickelten Tierform und den Menschen besteht nun wohl eine körperliche Ähnlichkeit, jedoch eine unüberwindliche Kluft in bezug auf Intelligenz, Sprache, Gang, Geschicklichkeit, Konstruktionsfähigkeit und Logik. Noch nie hat sich jemals ein Tier in einen Menschen weiterentwickeln können. Die Entstehung des irdischen Menschen baut deshalb wohl auf der Tierform auf, muß aber über vollzogene Inkarnationen ursprünglich sehr gesunkener Bewohner der geistigen Welt ihren Anfang genommen haben.

   Damit dürfte seine eigentliche Aufgabe auf unserem Planeten als Stätte karmischer Begegnungen, Abtragungen und Wiedervergeltungen begonnen haben.

   Das in den ersten Stadien des menschlichen Embryos wirksame Grundmodell wird von dem Augenblick der ersten Kindesbewegung im Mutterleib, das heißt, der erfolgten Inkarnation und der damit verbundenen ersten Reaktion, durch ein bereits ausgeprägtes und individuell entwickeltes Modell – eine jenseitige Seele – vervollständigt. Es beginnt jetzt, seine eigenen Einflüsse geltend zu machen und sich den vorhandenen Möglichkeiten entsprechend langsam zu realisieren.

Ich glaube, mit den Erklärungen des Inkarnationsvorganges rundet sich das Bild der großen zusammenhängenden und einheitlichen Maßnahmen einer göttlichen Weltregierung immer mehr ab, und es verbleiben eigentlich nur noch wenige, aber immer wiederkehrende Fragen, deren Lösung vielen oft schwere innere Konflikte bereitet und unerklärbar erscheint.

Ich denke dabei an besondere unausweichliche und unvermeidliche Schicksalsereignisse, z.B. an schwere Krankheiten, körperliche Behinderungen, an Notzustände, gewaltsame Unterdrückungen, an sympathische oder grundlos unsympathische Nachbarn, Vorgesetzte, Freunde oder Feinde, seltsame Begegnungen, an plötzliche Glücks- oder Unglücksfälle, an Feindschaften oder Liebe auf den ersten Blick und ähnliche Vorfälle. Viele sehen in ihnen reine Zufallserscheinungen, Auswirkungen eines bösen Schicksals oder sogar göttliche Ungerechtigkeiten.

Auch ich gehörte früher zu diesen Leuten. Wer sich nur auf seinen von Geburt und Tod begrenzten Bewußtseinsinhalt stützen kann, ist kaum imstande, andere als nur solche kurzsichtigen Urteile abzugeben, denn er sieht nur die dazwischenliegenden und ihm bekannten Beweggründe.

Seine alte Seele aber erinnert sich sehr gut auch früherer, oft weit zurückliegender selbstverschuldeter Vorgänge, Erlebnisse, Belastungen und schuldhafter Wiedergutmachungsverpflichtungen. Wenn sie inzwischen klug geworden ist, weiß sie auch, daß ihr hier die weise Weltregierung Gelegenheit bietet, sich innerlich zu entlasten und von alten bedrückenden Verpflichtungen zu befreien, wenn sie geduldig trägt und die befreienden Aussagen des Matth. 5, 44 beachtet.

Das eben gehört zu den großen segensreichen Wirkungen einer seelischen Aktivierung: Bewußte Rückkehr zur echten christlichen, auch im Jenseits gültigen Denkungsart und Gesinnung!

Nachwort

Nun kommen wir langsam zum Ende unserer Jenseits-Expedition.

Sicher – es gäbe noch viele wichtige Einzelheiten, Vorgänge und Zusammenhänge zu erörtern, um das ganze umfassende Bild des Geistes und aller dazugehörenden Einzelerscheinungen in voller Klarheit herauszuarbeiten. Aber das sehe ich als kommende Aufgabe an.

Sicher waren Sie anfänglich recht skeptisch, aber ich hoffe dennoch, daß Sie für überzeugende Argumente stets zugänglich und aufgeschlossen bleiben.

Viele sträuben sich mit Händen und Füßen gegen alle neuen Tatsachen und Erkenntnisse aus Angst, daß ihre bisherigen Ansichten sich als falsch erweisen und zusammenstürzen könnten. Wenn Sie nicht dazugehören, ehrt Sie das besonders.

Ich möchte jedoch meinen Bericht nicht abschließen, ohne meine eigenen Erlebnisse und Erfahrungen nochmals zusammenzufassen. Vielleicht hilft es Ihnen, selbst weitere Untersuchungen durchzuführen.

Die Frage, welche mir anfangs größte Schwierigkeiten bereitete, betraf die immer wiederkehrenden Hinweise, daß geistige Energien als eine besonders wichtige, je betont universelle Kraftart anzuerkennen wären. Ich hatte sie stets für nahezu bedeutungslos gehalten.

Während meiner Forschungsarbeit stieß ich jedoch auf so viele überzeugende Argumente, z.B. nachweisbarer Kraftwirkungen, durch eigene Experimente erkennbar gemacht, daß alle meine inneren Einwände schwächer wurden und schließlich ganz aufhörten. Denn ich erkannte immer mehr, daß alles, was mir vor Augen geführt wurde, die einzige sachliche Erklärung für vieles, was außerhalb unseres normalen Bewußtseins geschieht, sein konnte.

Ich sah mich schließlich gezwungen, mir selbst einzugestehen, daß selbst geistige Kraftwirkungen, die sich sogar in schwer zu überwindende innere Zustände verwandeln konnten, einen stofflichen Charakter haben müßten, weil sie sich sonst nie in haltbare und gleichartige innere Dauerwirkungen verwandeln könnten.

Völlig überzeugt und begeistert wurde ich jedoch erst durch den Nachweis, daß es außer der atomaren Materie noch eine verfeinerte neutrale Urmaterie geben müsse, die sofort auf alle geistigen Energiegestaltungen reagiert und deshalb sämtliche Geisteserzeugnisse in urstofflich-reale Materialisationen bzw. Bewußtseinseinheiten umwandelt. Obgleich ich mich immer für physikalische Probleme interessierte, waren mir derartige metaphysische Vorgänge und Möglichkeiten völlig unbekannt.

Ich erkannte, wie sich alle Geistesprodukte in wirksame geistige Kraftpotenzen verwandelten, wie sie sich durch ihre vorhandenen Kraftgrundlagen zusammenschlossen und anhäuften, wie dadurch ihre Kraft gesteigert wurde, wie sich innere Triebwirkungen entfalteten und schließlich sogar zu kaum noch überwindbaren inneren Bewußtseinszuständen führten. Damit wurden mir plötzlich auch die mannigfaltigen inneren Bewußtseinszustände klar.

Mir wurde die innere Organisation des Menschen erklärt, mit ihren wichtigen geistigen Zentren und Energiekonzentrationen, z.B. dem Blickpunkt, das ICH und die ganze geistige Persönlichkeit. Ich erkannte, daß es neben unserer geistigen noch eine zweite, unbewußte seelische Persönlichkeit geben müsse, deren besondere Bedeutung im Hinblick auf paranormale Phänomene, ihr Zustandekommen und ihre Wahrnehmung, besonders betont wurde.

Plötzlich begann ich auch die Existenz einer alten, vorgeburtlichen seelischen Bewußtseinsform zu verstehen, sah mich nur noch als ihre vorübergehende Nebenerscheinung, begriff ihre entwicklungsmäßige Bedeutung, lernte sie sogar wieder neu zu beleben und durch ein bewußtes Nebeneinander beider Bewußtseinsformen wahrnehmbar werden zu lassen – und konnte dann endlich über sie nicht nur die großartigen Eindrücke jenseitiger Daseinsebenen erleben, sondern viele bisher völlig übersehene wichtige Tatsachen, Erfahrungen und Belehrungen von ihr erhalten.

Heute weiß ich, daß sie mein uralter innerer Kern ist, der eine unermeßliche Fülle meist negativer Daseinserlebnisse erlebte, der auf einer ständigen Suche nach ewigen Wahrheiten ist, der genau über geistige Kraft- und Schwingungsverhältnisse Bescheid weiß. Aber ich weiß ferner, daß es im Grunde genommen gar nicht um meine, sondern um IHRE folgerichtige Weiterentwicklung geht und daß ich selbst für meine alte Seele nur eine kleine Nebenerscheinung – ein einzelner Jahresring ihres Stammes – bedeute.

Sie aber ist in Wirklichkeit dieser uralte Stamm, und ich behindere sie in schwerster Weise, wenn ich ihre Entfaltung durch eigene willkürliche Entschlüsse hemme, wenn sie mich erst über mein Gewissen ermahnen muß, wenn ich sie durch Fehlverhalten in neue Abtragungsschwierigkeiten bringe und ihr durch materialistisches Denken neue belastende innere Kraftwirkungen aufbürde.

Neben meiner seelischen Wiedergeburt, von der schon im Gespräch Jesu mit Nikodemus (Ev. Joh. 3, 3-5) die Rede war, betrachte ich gerade alle praktischen Hinweise für eine richtige geistige Anwendungstechnik als besondere Höhepunkte. Meine Erkenntnisse wären alle völlig wertlos geblieben, wenn sie nicht zu praktischen Auswirkungen und zu einer richtigen Verwendung meiner geistigen Energieumwandlungen in positive Kraftpotenzen geführt hätten. Gerade diese Begründungen halte ich für die wichtigsten Richtlinien, um jedes menschliche Dasein vor immer wieder aus Unwissenheit begangenen geistigen Fehlkonstruktionen zu bewahren und ihm den Weg zur bewußten Schaffung innerlich beglückender Kraftwirkungen zu zeigen. Wer ihn nicht kennt, sich nicht von seiner Wichtigkeit und Realität überzeugt hat und daraus konsequent die praktischen Folgerungen zieht, der hat noch eine weite Wegstrecke vor sich, ehe er nach vielen neuen Erfahrungen diese grundlegenden Tatsachen selbst entdeckt.

Die mir durch meine Seele übermittelten Erkenntnisse haben mir also – darüber bin ich mir völlig klar – über die schwersten Klippen wichtiger geistiger Erfahrungen hinweggeholfen und mir für meine innere Entfaltung große Umwege und viel Zeit erspart.

Schon die gründliche Kenntnis des negativen Wirkungsprinzips, der Dämonie, ihrer schlechten Daseinsbedingungen, ihres Zwangs- und Unterjochungssystems, ist ein Ereignis von großer Bedeutung, genauso wie das bewußt gewordene Prinzip ihrer überlegenen geistigen, jedoch streng verteidigten Technik. Es war für mich höchste Zeit, diese Praktiken kennen und mich dagegen wehren zu lernen.

Wenn ich auf die Ergebnisse unserer gemeinsamen Expedition in die Welt anderer Daseinsebenen zurückschaue, so sehe ich sie jetzt alle völlig unverschleiert vor mir liegen. Die dichten, angeblich nicht zu beseitigenden Hüllen sind gefallen durch die Erkenntnis von der Realität geistiger Energieerzeugnisse, ihrer unterschiedlichen Ausprägung, ihrer Schwingungsebenen und Auswirkungen auf die allgemeinen Daseinsbedingungen.

Ich sehe den unendlich langen Enwicklungsweg völliger Unwissenheit über den Geist und seine richtige Handhabung, von dem bewußten Mißbrauch seiner Anwendungsmöglichkeiten durch die Dämonie über jene unteren Regionen, die sich bemühen, glücklichere Zustände mit den „Beinen“ durch lange Wanderungen zu suchen. Von den ersten selbständigen geistigen Regungen eines bloßen Spiel- und Unterhaltungstriebes – über beginnende Freude über intelligentere Betätigung – über ernsthafte wissenschaftliche Grundlagenforschung – über erste psychische Untersuchungen – bis zur endlichen Erkennung realer geistiger Vorgänge, praktischer Anwendungen und schließlich hochgeistiger Veredelung geistiger Denkarbeit und zur völligen Beherrschung auch der hohen geistigen Technik.

Es ist ein großer, lehrreicher Überblick für alle, die diesen Weg sehen – ein übersichtlicher Entwicklungsgang alles Geistigen von seinem tiefsten negativen bis zu seinem höchsten positiven Pol.

Aber diese wichtige Skala innerer Kraftentfaltung ist zugleich ein trefflicher Maßstab zur Selbstbeurteilung, um seinen eigenen gegenwärtigen Standpunkt und Standort festzustellen und um daraus die entsprechenden Folgerungen zu ziehen.

Aus meiner irdisch begrenzten Kurzsichtigkeit ist jetzt ein so umfassender Weitblick geworden, der alles in neues Licht taucht und allem neue, verändernde und erheblich erweiternde Bedeutung verleiht.

Da ist einmal die Tatsache festzuhalten, daß das riesige Weltgefüge mit seiner bis hinunter ins Winzigste erkennbaren Weisheit eine geistige Intelligenz verrät, die weit über unser menschliches Maß und über unser Einsichtsvermögen hinausreicht.

Weiter ist festzustellen, daß alles, was ist, eine riesige zusammenhängende Einheit darstellt, die in ihren Endzielen und gegenseitigen

Verknüpfungen noch gar nicht überschaut werden kann. Aus der uns zur Verfügung stehenden Befähigung eigener geistiger Energieausprägungen und urstofflicher Realisierungen wird auch die Grundlage allen Seins, unseres eigenen Ursprungs und unserer ideellen Veranlagung erkennbar, das heißt, unser Ausgangspunkt und die Tatsache, daß auch wir Geisteserzeugnisse sind.

Diesen Vorgang endlich zu begreifen und ihn als konstruktives Beispiel für alle unsere eigenen Geisteserzeugnisse zu erkennen, vor allem auch seine mißbräuchliche Verwendung – das ist das große Entwicklungsgeheimnis, welches allein auf dem Wege über eigene Erfahrungen gefunden werden muß.

Bis zu dieser Einsicht aber braucht es lange Zeiträume, braucht es eine Überwindung vieler Entwicklungsstadien, kam es zur Entstehung mannigfaltiger geistiger Schwingungs- und Daseinsebenen, jedoch auch zu einer zweiten urstofflichen Kombination atomarer Materie und zur Entstehung irdischen, genauso vielseitigen Lebens und neuer ausgleichender gegenseitiger Entlastungsmöglichkeiten.

Alles aber strebt erkennbar nur einem einzigen großen Ziel zu, nämlich der geläuterten, durch Erfahrung gehärteten und nicht mehr wankenden Rückkehr zum Ursprung und zum göttlichen vollendeten Prinzip. Alles will wieder ein wissend gewordener und aus ganzem Herzen in göttlichem Sinne wirkender Helfer schöpferischen Willens werden.

Alle, die in echtem christlichem Sinne leben, denken und sich betätigen, schätze ich sehr hoch, weil gerade in dieser Lehre die großen Grundgedanken alles Geistigen am tiefsten und reinsten zum Ausdruck kommen – nämlich als Forderungen nach veredeltem Denken und einer ständigen Verbesserung der Gesinnung! Da dies der einzige Weg zu einer Entstehung wahrhaft erhebender innerer Krafteinheiten ist, kann es auch nur der einzige Weg zur Erlangung innerer Glückseligkeiten sein! Denn alle in uns verspürbaren Gefühle echten Glücks kommen nur aus diesen selbsterzeugten Bewußtseinseinheiten!

Wer deshalb in diesem von Christus persönlich vorgelebten und durch viele Hinweise und Gleichnisse genau beschriebenen Sinne mit der ihm zur Verfügung stehenden geistigen Energieart verfährt, der ist auf dem wirklich einzigen Weg zu dieser Seligkeit, nicht nur im irdischen Bereich allein, sondern, was noch wichtiger ist, auch in den zukünftigen Bereichen seiner ewigen jenseitigen Heimat.

Menschliches Gesamtdasein hat also in der christlichen Lehre, das heißt, richtig verstanden und richtig durchgeführt, die einzige Möglichkeit zur Wiedererlangung der verlorenen ursprünglichen Glückseligkeit.

Dies endlich überzeugend einzusehen, ist der wahre Kern aller Religionen, auf welche Weise sie auch immer versuchen, ihren Anhängern diese Tatsache verständlich zu machen.

Freilich ist leider nicht zu übersehen und zu vergessen, daß diese großen Grundgedanken im Laufe der Jahrtausende durch menschliche Kurzsichtigkeit auch mit vielen anderen, weit weniger idealen Absichten vermischt wurden, die keineswegs dazugehörten und versuchten, aus der echten Christuslehre nach dämonischem Vorbild ein gewaltiges Machtreich zu gestalten, dem sich Kaiser und Könige beugen mußten. Zeitweilig wurde daraus sogar ein gewerbliches Unternehmen größten Stils gemacht, indem göttliche Gnade, Vergebung und Sündenerlaß als käufliche Ware behandelt und gegen Geld veräußert wurde. Himmlische Seligkeit konnte durch Spenden und Hinterlassenschaften erworben werden. Diese zeitbedingten Mißbräuche haben der christlichen Lehre ungeheuer geschadet, weil sie ihren Sinn verfälschten und das Vertrauen zu ihr untergruben.

Geistige Werte sind niemals durch irdische Werte zu ersetzen und deshalb auch nicht zu veräußern. Sie sind reine geistige Krafteinheiten, das heißt, Gesinnungsprodukte, also völlig andere, nicht vergleichbare Substanzen.

Darum betrachte ich heute noch die Behauptung als einen verhängnisvollen Irrtum, daß Menschen fähig sein könnten, anderen ihre Sünden zu vergeben.

Wer hat denn schon einen genauen Einblick und Überblick über fremde positive und negative Bewußtseinseinheiten? – Wer vermag Umfang und geistig-seelische Auswirkungen begangener Verfehlungen anderer genau abzuwägen und aufzurechnen? – Wer ist imstande, mit seinen groben irdischen Sinnen urstoffliche Krafteinheiten miteinander zu vergleichen und zu sagen: Deine Sünden sind dir jetzt vergeben!? – Alle inneren Belastungen sind geistige Fehlkonstruktionen, gehören darum dem Bewußtseinsinhalt an. Groß sind schon die Schwierigkeiten, sich über seine eigenen Bewußtseinsbestände

Rechenschaft zu geben. Unmöglich aber ist es, diejenigen anderer kritisch und richtig zu beurteilen.

Sobald die großen urchristlichen Grundgedanken nur aus irdischer Perspektive gesehen werden, müssen sie zwangsläufig zu vielen Irrtümern verleiten, wie sie uns erst heute noch in den Lehren von einem ewigen Grabesschlaf, von einer Auferstehung der Toten am Ende der Welt, von der Öffnung ihrer Gräber, von einem großen spektakulären Weltgericht entgegentreten.

Hierher gehört auch die Erlösungstheorie des Paulus, der alle belastenden Bewußtseinselemente durch das unschuldig vergossene Blut Christi tilgen will. Alle derartigen Versuche sind nur auf einen kurzen irdischen Lebenslauf zugeschnitten und übersehen ganz, daß es soviele Tatsachen und Beweise für ein vorgeburtliches Dasein und für ein unmittelbares Weiterleben nach dem Tode gibt. Damit übersehen sie auch, daß sich die Entwicklungsmöglichkeiten über unendliche Zeiträume erstrecken und nie in dem kurzen irdischen Zeitabschnitt völlig ausgeglichen werden können.

Sie verleiten außerdem zu dem immer wieder vorkommenden Versuch, sich seiner irdischen Verantwortung durch Selbstmord zu entziehen, in dem Glauben, nicht mehr zur Rechenschaft gezogen werden zu können. Welch ein Irrtum ist das, und welch unangenahme Überraschungen werden diese Unwissenden erleben! Nach dem Gesetz des Karmas und der ewigen Gerechtigkeit muß jeder den letzten Fehler erkannt haben, ehe ihm volle Glückseligkeit gewährt werden kann.

Heute sehe ich weit klarer denn je, daß sich jeder selbst durch Einsicht, durch Erkenntnis ewiger Wahrheiten und durch Veredelung seiner Geistestätigkeit im Laufe seines Gesamtdaseins in einen Menschen verwandeln muß, der nach vielen begangenen Fehlern und den sich für ihn daraus ergebenden negativen Folgen langsam einem Zustand innerer Reinheit entgegenreift. Erst dann ist er wieder aufnahmefähig in jenen ewigen Bereich der Erlösten und Seligen, wenn ihm seine innere Wertzahl diesen Zustand bescheinigt.

Niemand ist imstande, aus einem vorhandenen Bewußtseinsinhalt die ihn peinigenden negativen Vorstellungs- und Krafteinheiten zu entfernen. Niemand ist auch fähig, ihm dabei unmittelbare Hilfe zu leisten. Niemand kann die entstehenden Lücken durch neue, bessere

Geistesprodukte bei einem anderen ausfüllen. In seinem zusammenhängenden Bewußtseinsinhalt würden sonst klaffende Lücken entstehen, gegenseitige Verbindungen und Beziehungen unterbrochen werden und eine so große Verwirrung eintreten, daß sich niemand mehr darin zurechtfände und irre werden müßte. Schon aus diesen wichtigen psychologischen Gründen kann es immer nur eine allmählich fortschreitende Selbsterlösung durch Gesinnungsveredelung, jedoch nie eine Fremderlösung durch Bewußtseinsumwandlung oder Begnadigungen geben.

Lassen Sie mich hier schließen. Sie kennen ja nun die Methode der seelischen Wiederbelebung. Sie haben einsehen gelernt, daß sie allein der ewige Kern Ihrer Persönlichkeit ist und daß der irdische Lebensabschnitt allein seelischen Vorgängen, Zielen und Abtragungen dient, daß er also seelische Aufgaben erfüllen muß.

Das aber bedeutet, sich wieder ganz unter die Führung und Leitung Ihrer aktivierten seelischen Persönlichkeit zu stellen, sich schon jetzt wieder ganz mit ihr zu vereinigen und mit ihr zu einer neuen, erweiterten, vergrößerten und vollwertig gewordenen Wesenheit zu verschmelzen.

Unter seelischer Leitung stehen, ständig ihren Rat zu vernehmen, ihre Ziele konsequent verfolgen bedeutet, ständig mit der Stimme Ihres bisher so selten hörbaren Gewissens lebendige Fühlung haben, viel weiter zu schauen als bisher, viel klarer zu urteilen und viel zielbewußter und richtiger zu handeln.

Es ist keineswegs notwendig, Ihre neue geistige Einstellung anderen gegenüber mit besonderen parapsychischen Fähigkeiten beweisen oder begründen zu wollen. Nicht äußere, sondern innere Erfolge sind die erstrebenswertesten und wertvollsten.

Okkulte Feinfühligkeit ist in unserer irdischen Sphäre mit ihren beunruhigenden und materialistischen Geistesströmungen keine reine Freude – das möchte ich Ihnen zum Schluß noch anvertrauen – eher eine drückende Belastung.

Es genügt, unter Umständen auch mit seinem persönlichen geistigen Führer Verbindung zu pflegen!

Es genügt, vor allem mit dem hohen Führer der göttlichen Weltregierung oder mit den hilfsbereiten Kräften der Gemeinschaft des Heiligen Geistes in ständiger Fühlung zu stehen und sich zu bemühen, die eigenen geistigen Energien nur noch in hochschwingende Kraftpotenzen umzumünzen – alles andere erübrigt sich von selbst!

Unbedingt notwendig ist allein, die grundlegenden geistwissenschaftlichen Tatsachen zu kennen – und zu befolgen!

Dann zeigt die Nadel Ihres Kompasses direkt nach oben, und Sie können nie mehr ihr höchstes Ziel verfehlen! – Dazu wünsche ich Ihnen von Herzen Glück!

Anhang

(1) PSI = grischischer Buchstabe. Allgemeiner Begriff zur Bezeichnung persönlicher Bewirkungen oder Prozesse, die nicht-physikalischer Natur sind. Unbekannte, physikalisch nicht meßbare Energie, die bei AASW (allgemeiner außersinnlicher Wahrnehmung) auftritt. PSI-Phänomene: Vorgänge, die aus dem Wirken von PSI hervorgehen.

Biblische Hinweise

Biblischer Wortlaut:

Matthäus 5, 3–10:

Selig sind die geistlich Armen, denn ihrer ist das Himmelreich.
Selig sind die Trauernden, denn sie sollen getröstet werden.
Selig sind die Sanftmütigen, denn sie werden das Land ererben.

Matthäus 5, 44:

Ich aber sage euch: Liebet eure Feinde, segnet, die euch fluchen, tut wohl denen, die euch hassen, und bittet für die, so euch beleidigen und verfolgen.

Ev. Johannes 3, 3–5:

Jesus antwortete und sprach zu ihm: wahrlich, ich sage Dir, wenn jemand nicht von neuem geboren wird, so kann er das Reich Gottes nicht sehen.

Nikodemus spricht zu ihm: Wie kann ein Mensch geboren werden, wenn er alt ist? Er kann doch nicht zum zweitenmal in seiner Mutter Schoß gehen und geboren werden!

Jesus antwortete: Wahrlich, wahrlich, ich sage Dir, wenn jemand nicht geboren wird aus Wasser und Geist, so kann er nicht in das Reich Gottes eingehen.

(Die richtige Auslegung dieser Aussagen ist im Buch ausführlich umschrieben!)

Kontaktadresse für Fragen und Korrespondenz:

Werner Widmer
Amselweg 18
CH-3327 Lyssach

Der Autor führt Seminare durch zur Einführung in die beschriebene seelische Aktivierungsmethode. Auskünfte durch obenstehende Adresse.

Prof. Max Seiling

Goethe als Esoteriker

Viele der heutigen unzähligen „Esoteriker“ werden erstaunt sein, in Goethe einen der ihren entdecken zu dürfen. Für den wirklich Wissenden war es indessen längst kein Geheimnis, daß Goethe – der Freimaurer und Mystiker – ein erfahrener Esoteriker und großer Eingeweihter in die Urgeheimnisse des Lebens war. Astrologie, Mesmerismus, mystische Meteorologie, Physiognomik, Alchimie, Träume, Somnambulismus, Radiästhesie, Reinkarnation (über Frau von Stein sagte er: „Wir waren einst Mann und Weib“) und last not least sein unzweideutiger Geisterglaube („Die Geisterwelt ist nicht verschlossen“) spielten in seinem Forschen und Dichten eine nicht zu übersehende Rolle.

ISBN 3-923781-22-9
vierfarbig broschiert
mit zus. Goldschrift
154 Seiten, DM 22,80

Werner Schiebeler

Der Tod, die Brücke zu neuem Leben

Nach jahrelanger Beschäftigung mit der Paraphysik beschreibt der weithin bekannte und noch lebende Physiker und Parapsychologe Prof. WERNER SCHIEBELER in diesem für Wahrheitssucher eminent wichtigen Buch die dokumentarisch gutbelegten Phänomene, welche unzweideutig auf ein Überleben des Menschen auf einer anderen Existenzebene schließen lassen.

Sicherlich dürfte es augenblicklich kein zweites Buch geben, das von den Sternstunden parapsychologischer Phänomene eindringlicher berichtete.

ISBN 3-923781-26-1
farbig broschiert
davon 16 Bildtafeln,
268 Seiten, DM 29,80

Rene & Mirabelle Coudris

IM TRANCE-DIALOG MIT „C. G. JUNG“

ODER KONTAKTE MIT DEM UNBEWUSSTEN?

Durch das österreichische Channeling-Medium Mirabelle Coudris, bekannt durch den telepathischen Kontakt mit ihrem Ungeborenen („Ich kann sprechen“, Goldmann-Taschenbuch), spricht eine geistige Wesenheit, die sich dazu bekennt, zuletzt als der große Kultur-Psychologe CARL GUSTAV JUNG gelebt zu haben. Ist er es wirklich? Für viele, die mit „ihm“ – per Mira's bewußter (!) Tieftrance – direkt sprachen, steht das außer Frage. Auch Reporter von Presse, Funk und Fernsehen sind vom jenseitigen „JUNG“ fasziniert, denn er weiß auf alle ihre Fragen tiefgründig zu antworten.
Die Themen des ersten Bandes reichen vom „Analytischen Denken“ über „Traum und Wirklichkeit“, den „Geheimnissen der Archetypen“ bis hin zur „Psychischen Hormonfunktion“ und der „Immunschwäche Aids“.

ISBN 3-923781-28-8
illustriert, broschiert,
188 Seiten, DM 24,80

ISBN 3-923 781-21-0
farbig broschiert
162 Seiten, DM 19,80

Hildegard Schäfer

WO SCHATTEN IST, IST AUCH LICHT

EIN BUCH ZUR LEBENSHILFE

Das vorliegende Buch der bekannten Autorin ist im besten Sinne echte Lebenshilfe. Es wendet sich an alle Menschen, die mit Problemen, Sorgen, Leid und Kummer belastet sind und zeigt, wie die persönlichen Probleme , Schicksalsschläge und negativen Einstellungen im Leben aufzulösen und in Positivität und Lebensbejahung umzuwandeln sind.

ISBN 3-923781-16-4
mehrfarbig broschiert
176 Seiten, DM 24,80

Gertrud Walter

Unterwegs zur menschlichen Ganzheit

– Eine physisch-spirituelle Fastenanleitung –

Dieses auf Erfahrungen der Autorin begründete Buch gibt dem Leser Anweisungen, wie er durch verschiedene Fastenmethoden an Leib und Seele Nutzen für sich ziehen kann. Vor allem derjenige, der nach spirituellen Erfahrungen sucht, findet hier über die anschaulich dargestellten praktischen Anleitungen hinaus ein komplettes Programm zum Wecken und Entfalten seiner übersinnlichen Begabungen. Ein Fastenbuch also, das es für geistig Suchende und Esoteriker bislang nicht gab und das manchen in seiner Entwicklung weiter bringen wird.

ISBN 3-923781-18-0
farbig broschiert
124 Seiten, DM 17,80

Hans Sperling

Was die Welt im Innersten zusammenhält

– Versuch eines ganzheitlichen Weltbildes –

Der vielseitig gelehrte Dr. Hans Sperling, der mit über dreihundert Veröffentlichungen auf verschiedenen Gebieten hervorgetreten ist, schreibt am Ende seines Lebens ein Buch, in welchem er den Versuch unternimmt, die Erscheinungen dieses und des jenseitigen Lebens zu einem ganzheitlichen Weltbild zu verknüpfen.

ISBN 3-923781-13-X
mehrfarbig, broschiert
104 Seiten, DM 16,80

Anne Dooley

„Silberbirke“ spricht

– übersetzt von Rudolf Meldau –

Ein hoher Geistlehrer, der sich hinter dem Namen „Silberbirke“ verbirgt, klärt uns mit einfachen Worten über die Grundwahrheiten und Geheimnisse des Lebens auf. Von ihm können wir alle viel lernen.

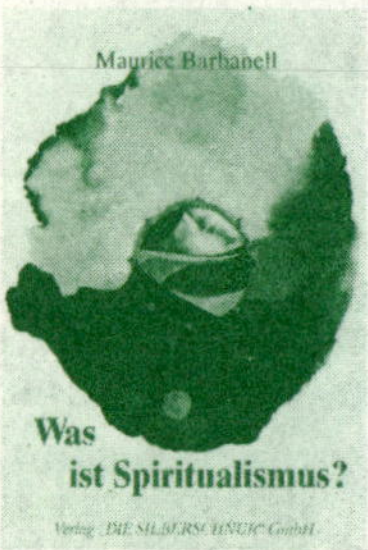

ISBN 3-923781-15-6
mehrfarbig broschiert
256 Seiten, DM 27,80

Maurice Barbanell

Was ist Spiritualismus?

– übersetzt von Rudolf Meldau –

Der Autor ist das Medium von „Silberbirke“. Er war als Journalist und Verleger jahrzehntelang der Herausgeber von Psychic News und hat als solcher die besten Medien seiner Zeit kennenlernen dürfen. Dieses höchst aufschlußreiche Buch gehört zu den überzeugendsten Darstellungen der Tatsache, daß es ein Leben nach dem Tod nicht nur gibt, sondern daß unsere Verstorbenen aus dem Jenseits durch ihre Kommunikation mittels Medien tatsächlich ihre Identität beweisen können.

ISBN 3-923781-07-5
mehrfarbig broschiert,
196 Seiten, DM 24,80
ISBN 3-923781-08-3,
DM 32,– (Geb. Ausg.
mit farb. Schutzumschlag)

Dr. Erik Peters

Die große Morgenlandfahrt

Aus dem Fundus jahrzehntelanger geistiger Beschäftigung mit der Frage nach den ewigen Wahrheiten und den Problemen, denen die großen Wahrheitssucher der Menschheitsgeschichte gegenüberstanden, beschreibt Dr. Erik Peters die Geschichte der europäischen Wahrheitssucher von Pythagoras bis in unser Jahrhundert.